2019年国外核工业与技术重大发展动向

中　　国　　核　　学　　会
中国核科技信息与经济研究院　编
中国原子能科学研究院

中国原子能出版社

图书在版编目（CIP）数据

2019年国外核工业与技术重大发展动向 / 中国核学会，中国核科技信息与经济研究院，中国原子能科学研究院编. —北京：中国原子能出版社，2020.3
ISBN 978-7-5221-0433-1

Ⅰ.①2… Ⅱ.①中…②中…③中… Ⅲ.①原子能工业—工业发展—研究—国外—2019 Ⅳ.①F416.23

中国版本图书馆CIP数据核字（2019）第301742号

2019年国外核工业与技术重大发展动向

出版发行 中国原子能出版社（北京市海淀区阜成路43号 100048）
责任编辑 孙凤春
责任校对 冯莲凤
责任印制 潘玉玲
装帧设计 崔 彤
印　　刷 北京印匠彩色印刷有限公司
开　　本 787 mm×1092 mm 1/16
印　　张 8　　**字　数** 123千字
版　　次 2020年3月第1版 2020年3月第1次印刷
书　　号 ISBN 978-7-5221-0433-1　　**定　价** **48.00元**

网址：http：//www. aep. com. cn　　**E-mail：atomep123@126. com**
发行电话：010-68452845

《2019 年国外核工业与技术重大发展动向》

编辑委员会

《2019 年国外核工业与技术重大发展动向》

编辑部

前　言

我国国防和军队建设正站在新的历史起点上。党的十九大提出了实现国防和军队现代化的目标，为核工业改革发展指明了前进方向。核工业须贯彻瞄准世界科技前沿，强化基础研究，实现前瞻性基础研究、引领性原创成果重大突破的创新精神，推动我国由核工业大国向核工业强国迈进。这要求我们应突出关键共性技术、前沿引领技术、现代工程技术、颠覆性技术创新，为建设强大的创新型核工业提供有力支撑。

为及时准确了解和把握国外核工业的调整改革与科学技术的发展进步，我们组织相关力量，持续开展国外核工业与技术重大发展动向研究。2019年，聚焦核战略与核力量、核武器与核动力、核电与核燃料、核安全、核军控与防扩散、核技术应用等六个领域，遴选出27个具有重大现实或潜在影响意义的专题，开展系统分析研究，形成《2019年国外核工业与技术重大发展动向》报告，供有关部门领导和科研一线的同志们参考。

《2019年国外核工业与技术重大发展动向》课题组

2019年12月

目　　录

附表及插图

核战略与核力量篇

一、世界主要国家核力量发展

当前，全球核弹头总数近 14 000 枚。美、俄、英、法推进核武器及运载系统现代化，提升核威慑能力。印、巴、以、朝试验、部署新型核武器运载系统，提升核武器实战化能力。

1. 美国核力量

美国长期维持陆海空基“三位一体”核力量结构。

核弹头

美国库存核弹头总数约 6 185 枚，其中部署约 1 750 枚（战略核弹头 1 600 枚，非战略核弹头 150 枚），未部署约 2 050 枚，退役但可重新服役约 2 385 枚。现役核弹头共 7 个型号，其中陆基 2 型（W78、W87）、海基 2 型（W76、W88）、空基 3 型（W80、B61、B83）。

2012 年，美国启动了“3＋2”战略，将现役 3 型空基调整为 2 型（B61－12、W80－4），计划分别于 2021 年和 2026 年投产；将 2 型陆基和 2 型海基调整为 3 型陆海通用型（IW－1、IW－2、IW－3），计划 2031—2040 年投产。2019 年，美国还对部分 W76 弹头进行了低当量改造。

B61 系列核弹头现役 B61－3、B61－4、B61－7、B61－11 四个型别。B61－12 将使用 B61－4 的钚弹芯，并采用新的原样复制的钝感高能炸药，其特点：爆炸当量可调，集战略与非战略打击于一体，可形成 0.03 万吨、0.5 万吨、1 万吨、5 万吨 4 种爆炸当量；制导能力提升，采用 GPS＋惯导系统、配装可控尾翼组件，打击精度可达约 30 米。B61－12 计划生产 480 枚，2021 年试生产，2025 年完成生产。

美军正在开展空基W80核弹头现代化升级改造。目前W80—1弹头部署于空射核巡航导弹。W80—4是对现役W80—1弹头的核武部件和非核部件进行复用、修复和替换后的新弹头。W80—4将采用新的钝感高能炸药，并最大化利用其他弹头延寿计划开发的非核部件。目前正处于可行性研究和方案设计阶段。计划2025年试生产，2032年完成生产，装配远程防区外导弹（新一代空射核巡航导弹）。

2018年2月，特朗普政府发布新版《核态势评估报告》，提出开发新型海基低威力核武器，6月美国核武器委员会批准了海基低威力弹头W76—2的初步研制方案，8月美国会通过、特朗普签署了《2019财年国防授权法》，决定拨款6 500万美元，2019年1月，美国国家核军工管理局宣布开始在潘特克斯工厂生产W76—2，9月底前完成首批交付。W76—2由原海基W76—1弹头（当量10万吨）改造而来，通过全部替换或拆除弹头的次级，仅使用裂变初级，降低爆炸威力（当量据称0.65万吨），拟2020年开始部署。

陆基运载系统

现役的400枚“民兵”—Ⅲ洲际弹道导弹计划服役到2030年。美军2017年8月分别授予波音公司和诺格公司“陆基战略威慑”项目（新一代陆基洲际弹道导弹）“技术成熟与风险降低”阶段合同，正式启动导弹研发工作，合同为期3年，总金额约7亿美元。新导弹继续采用井基发射，但对发射井进行现代化改造；可机动变轨，具有更高的突防能力、运载能力和打击精度；引入模块化构架，以应对技术发展和威胁变化带来的各种挑战；或将引入低当量和可变当量弹头。美军计划共采购642枚新导弹，其中400枚用于部署，242枚测试及备用。

海基运载系统

现役的14艘“俄亥俄”级战略核潜艇计划从2027年开始，每年退役1艘。新一代“哥伦比亚”级战略核潜艇2011年开始研制，2017年1月通过“里程碑B”关键节点，进入详细设计阶段。2017年9月，美军授予通用动力电船公司51亿美元合同，要求后者完成与“哥伦比亚”级核潜艇设计、建造、测试和维护等相关的“综合生产和程序开发”工作。新潜艇核反应堆燃料在整个寿期内不用更换，战略值班时间增多；采用全电推进及减震降噪技术，更加安静；尾部采用X形设计，增强操纵安全性。新潜艇计划建造12艘，前两艘分别于2021年和2024年开始建造，2026年起每年采购一艘新的弹道导弹潜艇。

现役240枚“三叉戟”—Ⅱ潜射弹道导弹计划服役到2042年，以配合“俄亥俄”级核潜艇的服役时间。“哥伦比亚”级战略核潜艇计划装备16个弹道导弹发射筒，服役初期仍装备“三叉戟”—Ⅱ导弹。新一代潜射弹道导弹将于2026年启动研发，2035年试生产。

空基运载系统

现役44架B—52H和16架B—2战略轰炸机执行核打击任务，B—52H预计2040年退役。新一代B—21战略轰炸机2014年启动研制，首先将取代超期服役的B—52H，未来还将替换B—2轰炸机。B—21采用飞翼设计、先进隐身材料、高度信息化组网等，具有更强生存和联合作战能力；核常兼备，武器载荷舱大而灵活，能够挂载现有和未来的多种武器；或为亚音速轰炸机，未来可能增加无人驾驶技术。美军计划至少采购100架B—21，2030年前形成初始作战能力，2040年前完成部署。

现役的AGM—86空射核巡航导弹计划服役到2030年。2017年8月，美军授予洛马公司和雷声公司“远程防区外导弹”项目（新一代空射巡航导弹）“技术成熟与风险降低”阶段合同。合同为期4年半，总金额约18亿美元。新导弹核常兼备，射程远、速度快、精度高、隐身效果好，远距离快速打击和突防能力增强；可配装B—52H、B—2A和未来的B—21轰炸机，采用升级后的W80—4弹头。计划首弹2026年列装，共采购1 000～1 100枚。

2. 俄罗斯核力量

核弹头

俄罗斯总计拥有约6 490枚战略与非战略核弹头，其中部署的核弹头约1 600枚，另有2 890枚核弹头被存放于核武库中，还有约2 000枚已退役等待拆解。俄罗斯核武库中共存有大约1 820枚非战略核弹头，各兵种数量为陆军导弹部队87枚、导弹和防空部队386枚、空军530枚、海军820枚。

在美国导弹防御系统围堵下，俄大力发展高超声速武器和分导式多弹头。在“4202项目”下（含Yu—71、Yu—74等多个飞行器），俄于2016年成功完成两次高超声速助推滑翔飞行器Yu—71测试，速度可达15马赫以上，计划2020—2025年服役。此外，俄着力发展分导式多弹头，计划将单弹头“白杨”导弹全部更换为多弹头型“亚尔斯”和“亚尔斯”—M。

陆基运载系统

俄现役7型318枚陆基洲际弹道导弹，包括井基型“撒旦”“三菱匕首”“白杨”—M和“亚尔斯”，以及公路机动型“白杨”“白杨”—M和“亚尔斯”。

亚尔斯。“亚尔斯”是“白杨”—M的升级版，三级固体推进，可携带4～6枚分导式核弹头，射程为11 000千米，导弹机动能力和突防能力大幅提升；公路机动型2010年开始部署，井基型2014年开始部署。“亚尔斯”—M是“亚尔斯”的公路机动改进型，使用高强度聚合材料，重量大幅降低。“亚尔斯”及其改进型“亚尔斯”—M将在2021年前完成部署，替换单弹头“白杨”，成为俄陆基主战导弹。

萨尔玛特。俄现役46枚“撒旦”重型液体洲际弹道导弹，1988年开始部署，计划服役到2020年。2009年，马卡耶夫导弹设计局开始研制“萨尔玛特”重型液体洲际弹道导弹，用于替换“撒旦”。“萨尔玛特”将继续使用“撒旦”的发射井，目前已完成部分发射井升级改造；可携带10～15枚分导弹头及Yu—71、Yu—74高超声速助推滑翔武器，射程超过11 000千米，打击精度为150米，弹头可机动变轨，突防能力增强。新导弹预计2021年正式列装。

巴尔古津。1989年，“青年”号铁路导弹作战系统服役，苏联解体后，俄罗斯根据有关条约将导弹和列车全部销毁。2012年12月，莫斯科热力工程研究所开始研发新型导弹列车“巴尔古津”，2016年11月成功完成首次抛射试验，验证了设计方案，2017年启动飞行设计试验。俄计划部署5个列车导弹团，每个团由1辆列车6枚改进后的“亚尔斯”洲际弹道导弹组成。与原有型号相比，改进后的“亚尔斯”导弹体积小、重量轻，一辆内燃机车足以拖拽新导弹列车前进，可在俄全境行驶，隐蔽性强。原预计2020—2021年开始服役，但由于经费不足，项目已经停滞。

海基运载系统

俄现役3型10艘弹道导弹核潜艇，包括1艘“德尔塔”—Ⅲ潜艇、6艘“德尔塔”—Ⅳ潜艇和3艘新一代“北风之神”潜艇，潜射弹道导弹“浦鱼”“轻舟”和“布拉瓦”3型160枚。“德尔塔”级核潜艇主要是苏联时代建造服役的，经过多次升级，“德尔塔”—Ⅲ将在2020年前退役，“德尔塔” Ⅳ计划服役到2025—2030年。“北风之神”级核潜艇噪音低，隐蔽性强。艇体表面贴敷了厚度超过150毫米的高效消声瓦，同时主机等主要噪声源安装了整体浮筏式双层减振基座及隔音罩，还在消除红外特征、磁性特征、尾流特征等方面都采取了一些独到的隐形措施，是目前世界上最先进的核潜艇型号之一。俄计划2020年前完成8艘新潜艇部署，前三艘分别于2013年、2015年和2016年服役。其余5艘将改进尾舵结构和声学性能；采用泵推进、新型材料和电了设备，降低噪音；可装备20枚“布拉瓦”导弹，被称为“北风之神”—A级，首艇“弗拉基米尔大公”号于2017年11月下水，其余4艘在建。

“浦鱼”导弹20世纪70年代末装备部队，可携带3个核弹头，目前装备2艘“德尔塔”—Ⅲ核潜艇，即将随潜艇退役。“轻舟”导弹装备6艘“德尔塔”—Ⅳ核潜艇，可携带4枚分导弹头，射程为8 300千米，是俄罗斯当前海基战略核力量的支柱。2013年，“布拉瓦”导弹伴随着“北风之神”级核潜艇首艇正式服役，可携带6～10个分导核弹头，射程为8 000千米，三级固体推进，可在潜艇行进过程中发射，加装抗辐射及电磁干扰的防护罩，增加诱饵装置等，可突破反导系统。

俄罗斯正在研发“海神”核动力无人潜航器，该潜航器长约24米、直径约1.6米，由小型核动力驱动，航程达10 000千米，潜深超过1 000米，可携带核弹头或常规弹头，具备深海潜航、洲际航程、自动控制、高速攻击能力，可对敌航母战斗群及其他战略目标实施打击。装载“海神”的首艘母艇已于2019年4月下水，预计2027年前服役，届时可形成新型核威慑能力。

空基运载系统

现役13架图—160和55架图—95MS战略轰炸机，携带Kh—55空射核巡航导弹。俄原计划研制下一代远程战略轰炸机PAKDA，采用飞翼式布局，由可吸收辐射的合成材料制成，计划2025年左右首飞，2028年左右开始交付空军。由于技术和经费原因，该型号计划被延迟，俄决定改进并恢复图－160的生产。改进后的图－160被称为图－160M2，2023年开始生产，2030年左右完成交付。俄还在正在研制的新一代空射核巡航导弹KH－102，射程可达5 000～5 500千米，采用隐身设计，命中精度高。

俄正在研制“海燕”核动力巡航导弹和“先锋”高超声速滑翔弹头，并已成功试射了“海燕”核动力巡航导弹，导弹飞行过程中核动力装置达到目标功率，保障了必要的推力水平。“先锋”能以20马赫的高超声速进行洲际飞行，在向目标移动的过程中，滑翔弹头会进行水平（数千千米）和垂直大范围调整，长距离制导飞行，极难被反制。

3. 英国核力量

英国仅维持海基核力量。

核弹头

库存核弹头库存总数约215枚，部署不超过120枚。英国现役核弹头仅“霍尔布鲁克”一型，正在进行延寿改造，新一代核弹头研发计划被推迟至21世纪30年代末期。

海基运载系统

现役4艘“前卫”级弹道导弹核潜艇，48枚“三叉戟”－Ⅱ D5潜射弹道导弹。新一代“无畏”级弹道导弹核潜艇首艇于2016年开始建造，排水量约17 000吨，长154米，使用PWR－3型压水反应堆，艇体采用渐平式单一曲率设计，采用泵喷推进技术和X形尾舵。目前正在开展耐压主体建造等工作，原计划2028年服役，后推迟到21世纪30年代初。“无畏”级共计划建造4艘，每艘可携带12枚经延寿的“三叉戟”－Ⅱ D5LE潜射弹道导弹。

4. 法国核力量

法国维持海、空基“两位一体”核力量结构。

核弹头

法国共有约 300 枚核弹头，其中部署 290 枚，库存 10 枚。现役核弹头有 3 个型号，其中空基 1 型（TNA）、海基 2 型（TNO、TN75）。TNO 是法国最新型潜射弹道导弹弹头，2015 年开始逐步替换 TN75 核弹头。

海基运载系统

现役 4 艘“凯旋”级弹道导弹核潜艇，32 枚 M51.1 潜射弹道导弹，16 枚 M51.2 潜射弹道导弹；法国计划 2020 年前将全部 M51.1 潜射弹道导弹升级为 M51.2，届时，新型 TNO 核弹头将取代 TN75，成为法国海基核力量唯一一型核弹头。法国计划在 2025 年前完成新型 M51.3 导弹的研发工作，新导弹将继续搭载 TNO 核弹头，增加第三级，射程和打击精度进一步提高。法国还在研制第三代弹道导弹核潜艇“SNLE－3G”，预计 2035 年服役。

空基运载系统

空基现役 50 架“阵风”战斗轰炸机，携带 50 枚“阿斯姆普”－A 空射核巡航导弹。2016 年，法国开始实施阿斯姆普”－A 的中期更新计划，将导弹延寿至 2035 年。法国已启动新型 ASN4G 空射核巡航导弹的研制工作，计划 2035 年投入使用。

5. 印度核力量

经过数十年的努力，特别是近年来的加快发展，印度的陆海空“三位一体”核力量体系已初步形成。

核弹头

印度核弹头总数约 130～140 枚，且仍在继续增长。

陆基运载系统

印度已成熟掌握近中程导弹技术，目前已服役的可搭载核弹头的导弹有 5 种型号：“大地”－2、“烈火”－1、“烈火”－2、“烈火”－3 和“烈火”－4，其中“烈火”－4 中程导弹 2014 年开始服役，尚未部署。“烈火”－5 远程导弹自 2012 年 4 月首次试射以来，已成功完成 6 次发射试验，其射程达 5 000 千米以上。另外，印度还在加快研制射程为8 000～10 000千米的“烈火”—6洲际弹道导弹。

海基运载系统

2009年，印度第一艘弹道导弹核潜艇（SSBN）“歼敌者”号研制成功并下水，2016年8月开始服役，2017年因人为误操作使该艇受到严重损坏，修复后于2018年1月重新开始运行。据报道，印度计划建造6艘同型弹道导弹核潜艇。

“歼敌者”号可装备搭载核弹头的K—15（“萨加里卡”）或K—4潜射导弹，其中K—15的射程为750千米，K—4射程为3 500千米。正在研制的K—5新型潜射弹道导弹据称射程达6 000千米。

空基运载系统

空基现役32架从法国引进的“幻影”—2000H战斗轰炸机、16架英国引进的“美洲豹”—IS战斗轰炸机。2016年11月，印度对半数的“美洲豹”飞机进行了精确打击与航电系统更新，提高了作战能力。目前正在对2002年俄罗斯交付的40架“苏”—30 MKI战机进行升级。2006年又从俄罗斯采购了3架可搭载空—地巡航导弹的“图”—22M3超音速远程战略轰炸机，有助于提高空军的远程核打击能力。2016年9月，印度与法国签署采购36架用于核打击任务的“阵风”战机。

6. 巴基斯坦核力量

巴基斯坦现役核力量由陆基、空基“两位一体”构成，正在发展海基核力量。

核弹头

巴基斯坦核弹头总数约140～150枚，未来核弹头将保持增长趋势。

陆基运载系统

现役6型102枚中短程弹道导弹，包括4型短程弹道导弹“阿布达力”（“哈塔夫”—2）、“卡兹纳威”（“哈塔夫”—3）、“沙欣”—1（“哈塔夫”—4）和NASR（“哈塔夫”—9），2型中程弹道导弹“高里”（“哈塔夫”—5）、“沙欣”—2（“哈塔夫”—6）；12枚“巴布尔”（“哈塔夫”—7）巡航导弹。正在研制射程更远的“沙欣”—1A、“沙欣”—3和“阿巴比”中程弹道导弹。“沙欣”—3射程为2 750千米，2015年曾进行两次试射。2017年，巴基斯坦宣布首次试射了基于“沙欣”—3推进技术的“阿巴比”中程弹道导弹，三级固体推进，射程为2 200千米，可携带多弹头分导式再入飞行器。巴基斯坦还在研制改进型的“巴布尔”—2巡航导弹，射程可达700千米。

海基运载系统

2017年和2018年，巴基斯坦两次成功试射“巴布尔”—3潜射巡航导弹。该导弹射程为450千米，可能在5艘从法国引进的“阿格斯塔”常规柴电潜艇上服役。

空基运载系统

现役24架F—16A/B战斗轰炸机，12架“幻影”Ⅲ/Ⅴ战斗轰炸机。巴基斯坦正在研制“拉德”（“哈塔夫”—8）空射核巡航导弹，射程为350千米，具备隐身能力和高打击精度，将于近期服役。此外，巴基斯坦还开发了改进型的“拉德”—2导弹，射程为550千米。

7. 以色列核力量

以色列采取“核模糊”政策，但外界普遍认为其初步具备“三位一体”核打击能力。

核弹头

以色列核弹头总数约80枚，其中空基核航弹约30枚，另外50枚由陆基弹道导弹或潜射巡航导弹搭载。

陆基运载系统

现役“杰里科”—Ⅱ、“杰里科”—Ⅲ弹道导弹各25枚。“杰里科”—Ⅱ采用两级固体推进，公路机动部署，射程为1 500千米。采用三级固体推进的“杰里科”—Ⅲ弹道导弹射程可能超过5 500千米。

海基运载系统

据称，以色列为实现海基二次核打击能力，在5艘德制“海豚”级柴电攻击潜艇上装备了潜射核巡航导弹，第 6 艘“海豚”级潜艇计划近期交付以色列。2017 年，德国宣布同意向以色列出售 3 艘新型潜艇，用于替换前 3 艘“海豚”级，新潜艇将于 2027 年开始服役。

空基运载系统

以色列现役 205 架各型号 F—16 战斗轰炸机，部分执行核任务。

8. 朝鲜核力量

目前，朝鲜可能具备实战能力的仅有陆基核力量。

核弹头

朝鲜可能生产了足够制造 30～60 枚核弹头的裂变材料。可能组装了 10～20 枚核弹头。

陆基运载系统

朝鲜发展了 Toksa、“火星”—9、“火星”—7（“劳动”）、“北极星”—2、“火星”—10（“舞水端”）、“火星”—12 等多种型号的中短程弹道导弹。其中，“火星”—7 被认为是最有可能具备核作战能力的导弹，射程超过 1 200 千米，部署的发射装置数量不超过 100 个。洲际弹道导弹有“大浦洞”—2、“火星”—13、“火星”—14、“火星”—15 等多种型号。“大浦洞”—2 被认为是“银河”—3 航天运载火箭的军用型号，三级液体燃料推进，射程超过 12 000 千米。“火星”—13 是三级、液体燃料的洲际弹道导弹，但未进行测试。2017 年，朝鲜先后试射了“火星”—14 和“火星”—15 洲际弹道导弹，均为两级液体燃料推进，最大射程分别为 10 400 千米和 13 000 千米。由于核弹头再入技术问题，朝鲜洲际弹道导弹距离实战部署仍有较大差距。此外，朝鲜可能正在发展固体燃料的洲际弹道导弹。

海基运载系统

朝鲜正在研制“北极星”—1 潜射弹道导弹，两级固体推进。2017 年进行了一系列水下弹射试验，但未进行飞行试验。此外，朝鲜正在建造新型潜艇，可能用于搭载潜射弹道导弹。

（中国核科技信息与经济研究院

审查专家：黄国俊、李景、诸旭辉、赵永刚）

二、世界主要国家核战略

核战略是从全局上筹划和指导国家核力量建设发展与运用的方略，是以威胁使用核力量为手段，实现国家政策和战略目标的科学和艺术。美国、俄罗斯、英国、法国、中国五个核武器国家以及印度、巴基斯坦、以色列、朝鲜四个事实拥核国家根据自身国情和安全环境，制定了不同的核战略。

1. 美国“定制威慑”核战略

美国是世界上第一个拥有并且唯一使用过核武器的国家。美国的核战略不断演变，先后经历了“大规模报复”战略、“灵活反应”战略、“确保摧毁”战略、“有限核战争”战略、“抵消”战略、“灵活选择参与”战略、“全面威慑”战略等多个阶段。2018 年，特朗普政府首次提出“定制威慑”核战略，强调核武器在慑止核与非核攻击、保护盟友安全、威慑失效时进行核反击、防范未来地缘政治和技术不确定性等四方面的作用，为俄罗斯、中国、朝鲜、伊朗等核对手分别量身定制了具体的核威慑战略，提出增强核战略、核力量及核指挥、控制与通信系统的灵活性。

在核力量运用上，保持一定模糊性，坚持“先发制人”，声称以核武器应对针对美国和盟国的民众、基础设施、核力量、核指控系统在内的重大非核攻击；提出跨域威慑，以核武器应对外空和网络攻击；扩大了核武器使用范围，降低了核武器使用门槛。

在核力量发展上，加快推进陆海空基“三位一体”战略核力量全面现代化，新研发部署两种新型海基低当量核武器；全面升级核指挥控制与通信系统，重点加强对空间和网络威胁的防护；全面振兴核军工，现代化关键基础设施，提升或重建钚弹芯和氚、锂等军用核材料生产能力。

在核军控政策上，认为核军控很难取得更多进展，声称寻求能够加强安全且可核查、可执行的军控协议；指责俄罗斯严重违反现有军控义务，先后退出伊核协议和《中导条约》，逐渐打破美俄已有双边核裁军体系。

2. 俄罗斯“现实遏制”核战略

苏联是世界上第二个拥有核武器的国家，作为两个超级核大国之一，苏联/俄罗斯的核战略经历了复杂的演变过程。冷战期间，苏联核战略大致可以划分为“火箭核战争”战略、“多阶段核战争”战略、“同等可能战争”战略、“核后盾常规战争”战略。苏联解体后，俄罗斯继承了苏联的核力量及主要核战略思想，由“单纯防御”战略、“积极防御”战略最终走向“现实遏制”战略。该战略将核武器作为遏制大规模入侵的主要手段，突出了核武器对于国家安全的基石作用；主张核武器既适用于核战争，也适用于常规战争，既适用于核国家，也适用于非核国家；强调由单一战略遏制向核与非核手段组成的多重遏制和全面遏制转变。

在核力量运用上，声称以核武器应对针对俄及盟友的核攻击、大规模杀伤性武器攻击以及威胁国家存亡的常规侵略。打击方式上，在传统的核还击、核迎击、核还击一迎击基础上又增加了“先发制人”核突击和深度核还击。

在核力量发展上，俄罗斯致力于苏联时期老旧核武库的更新换代，提高战略核力量的机动性、生存能力和突防能力，在维持陆基核力量的同时，逐步加强海基和空基核力量，开发“波塞冬”核动力无人潜航器、“海燕”核动力巡航导弹等新型战略核威慑能力应对美全球反导体系。

在核军控政策上，俄罗斯谋求与美共同削减战略核力量，强调应适度开展分阶段的双边核裁军，强烈反对美退出《反导条约》和《中导条约》。此外，俄罗斯灵活参与国际核不扩散活动，积极支持《不扩散核武器条约》和《全面禁止核试验条约》有关活动。

3. 英国“最低限度威慑”核战略

“二战”结束后，美国中止了与英国在发展核武器方面的合作，英国从维护国家战略安全出发，决定自主研制核武器，1952年成为第三个拥有核武器的国家。自 20 世纪 60 年代以来，英国坚持奉行“最低限度威慑”核战略。该战略的基本思想是，鉴于核武器具有空前规模的毁伤能力，没有任何国家愿意冒险承受哪怕是较小规模的核打击；因此，只要拥有数量虽少但是具备可靠生存能力的核武器系统，将敌方城市作为核打击的目标，使敌方部分居民和社会财富成为“人质”或“抵押品”，就足以对敌方构成有效威胁，使其不敢冒险对英国本土发动攻击。此外，英国凭借与美国和北约建立核战略同盟并同时维持本国核力量行动独立性，得以为自己营造了双重核保护伞，一是由美国和北约提供的全面核威慑，二是由英国自主掌握的“最低限度威慑”。

在核力量运用上，英国维持核打击条件的模糊性，既不宣称也排除首先使用核武器的可能性，将大城市作为打击目标。同时，将其核力量纳入北约的总体防御规划。

在核力量发展上，英国坚持有限规模、有效威慑的原则，其战略核力量的发展经历了由空军主导到目前仅保留海基核力量。在与美国签署《原子能合作协定》和《拿骚协议》后，英国的核力量发展高度依赖美国。

在核军控政策上，英国突出其在国际核军控领域的“带头作用”，积极参与谈判和签订国际多边核军控条约，努力促进美苏核裁军谈判，着力塑造负责任大国形象。

4. 法国“有限威慑”核战略

1960 年法国成功进行第一颗原子弹爆炸试验，在以弱胜强的核威慑思想指导下，形成“有限威慑”核战略。冷战时期其核战略经历了从戴高乐政府的“大规模报复”战略，到蓬皮杜政府的“逐步反应”战略，再到德斯坦时期的“有限核威慑”战略，最终走向密特朗时期“大规模报复”战略的回归。冷战结束后，来自苏联的威胁减弱，法国也对核威慑战略进行了一定的调整，以多方位威慑取代单向威慑，但“有限威慑”核战略的基本思想和主张没有发生根本性改变。其核心是“依靠法国独立的有限核威慑力量，遏制敌人可能的军事进攻”。2013 年法国发布《国防与国家安全白皮书》，阐述其核威慑战略，即“法国的核威慑战略是使任何胆敢危害法国切身利益的国家感到惧怕，并使其蒙受与预期侵略目的不成比例的无法估量的损失。”在维护其核力量独立性的同时，视情考虑承担欧洲防务的使命，为欧洲安全与稳定作出贡献。

在核力量运用上，法国称只要国家的独立、自主和领土完整受到威胁，法国就将动用核力量，不排除首先使用核武器的可能性，推行分阶段、逐步反应的核作战原则和核常结合运用原则。对于打击目标的选定，法国已从原来的以打击城市目标为主，逐步转为有选择地、准确地打击敌方的军事类目标。

在核力量发展上，20 世纪 90 年代，法国开始对核力量结构进行调整，提出“严格足够”原则，削减核力量规模，大幅降低核力量建设经费，核力量结构由“三位一体”转为海空基“两位一体”。21 世纪初，法国开始推进核力量现代化。2013 年《国防与国家安全白皮书》指出，法国的核力量要始终坚持“长期有效和完全足够的原则，并将继续对核武器发射平台、导弹和通信设施进行现代化改造。”

在核军控上，法国依据国家利益有选择地参与国际核军控与裁军进程。冷战时期，法国视大部分核军备控制措施和活动为维护美苏核垄断工具，持消极态度；冷战后，法国对核军控政策进行了重大调整，在参与国际核裁军和防止核扩散方面采取了更为积极和开放的态度。

5. 印度“可信的、最低限度的威慑”核战略

自 1974 年以“和平核试验”名义进行首次核试验，印度就已经开始了它的核武器化进程。印度的核战略大致可以划分为“隐性威慑”核战略和“可信的、最低限度的威慑”核战略两个阶段。1998 年以前，印度学者普遍认为印度政府采取“隐性威慑”核战略，即只要印度拥有快速制造核武器的能力，核威慑的效力就会存在。1998 年，印度在连续进行 5 次核试验后宣布其为核武器国家。1999 年，印度政府公布《核原则草案》，阐述其“可信的、最低限度的威慑”核战略。2003 年，印度政府发表了一份简明的正式的指导印度核战略发展的文件，再次重申其“可信的、最低限度的威慑”核战略。该战略一方面在于建立可信的核威慑力量，从而最终服务于维护印度国家安全的目的；另一方面出于战略稳定的考虑，强调威慑的“最低限度”。在战略实践中，这两点相互矛盾，但这种模糊的核战略一方面为印度发展核武器留下战略选择的空间，另一方面又可以向外界展示其核克制的立场。

在核力量运用上，印度在公开的核战略中坚持不首先使用核武器的原则；声称一旦遭到核打击，印度将以惩罚性报复行动相回应；不对无核武器国家使用核武器；保留运用核武器报复化学和生物武器攻击的权利。

在核力量发展上，印度持续增加核弹头数量，并将发展“三位一体”核力量作为长期目标，已逐步建立起陆基为主、空基和海基为辅的“三位一体”核力量体系。

在核军控政策上，印度坚持通过全球的、可核查和非歧视性的削减核武器实现全球无核化目标，未签署《不扩散核武器条约》和《全面禁止核试验条约》，基本游离于国际核军控体系之外。

6. 巴基斯坦“最低威慑”核战略

在跨越核门槛之前，巴基斯坦奉行“刻意模糊”的核战略，在公开场合否认研制核武器，同时通过各种渠道释放核武器研制信息，发挥威慑作用。1998 年核试验后，巴基斯坦以印度为主要目标，制定了“最低威慑”核战略。这一战略主要出于两方面考虑，一是巴基斯坦资源有限，不愿与印度进行不断升级的核军备竞赛，二是适度限制核武库规模，便于管理和安保。

在核力量运用上，巴基斯坦承诺不对无核武器国家使用核武器，但坚持“先发制人”的核打击原则，这是因为巴基斯坦的核武器不仅用来威慑印度的核威胁，还用于威慑印度的常规威胁。

在核力量发展上，巴基斯坦在 1998 年核试验后持续进行核材料生产，扩大核武库规模。运载方面，巴基斯坦以陆基核力量建设为重点，有限发展空基和海基核力量。

在核军控问题上，巴基斯坦“紧盯”印度，拒绝签署《不扩散核武器条约》和《全面禁止核试验条约》，反对日内瓦裁谈会启动禁产条约谈判。

7. 以色列“核模糊”政策

以色列核武器研发始于 20 世纪 40 年代末期，早期得到美国、法国和南非的帮助。根据美国中央情报局证实，以色列在 1974 年就已拥有核武器。以色列长期采取“核模糊”政策，既不承认也不否认拥有核武器。不承认拥有核武器，有助于化解国际社会的压力；不否认拥有核武器，则能对周边阿拉伯和伊斯兰国家形成核威慑。以色列谋求以核武器为后盾的军事战略优势，全力阻止其他中东地区国家拥有核武器，防止这些国家对以色列构成核威胁。以色列发展“三位一体”核力量结构，强调核武器的威慑能力和实战能力，当前发展的重点是提高核武器生存能力和精确打击能力。在核军控方面，以色列拒绝签署《不扩散核武器条约》，阻碍中东无核武器区建立，签署但未批准《全面禁止核试验条约》。

8. 朝鲜“遏制与报复”核战略

2006年以来，朝鲜通过6次核试验和多次导弹试射展示了核能力。在“主体思想”和“先军政治”指导下，朝鲜一直将核力量视为维护政权统治和确保生存的重要砝码，“拥核自保”“拥核自重”的战略意图明显。2013年，朝鲜颁布《关于进一步巩固自卫性的核拥有国地位》文件，首次阐明其“报复性”核战略，声称以核武器挫败和报复敌核与非核攻击。2016年举行的劳动党第七次全国代表大会上，朝鲜再次阐明了以“遏制与报复”为中心的核战略，通过了“不首先使用核武器”政策。2018年年初开始，朝鲜改变了其拥核姿态，在内政外交上做出一系列重大调整，拆除了核试验场和部分导弹实验设施，展现出无核化姿态。在核力量发展上，朝鲜已有能力制造原子弹和氢弹，也有将核武器装备到中程弹道导弹上的能力，目前正着力发展海基核力量。

（中国核科技信息与经济研究院

审查专家：黄国俊、李景、诸旭辉、赵永刚）

三、美发布《核威慑政策》

2019 年 4 月 1 日，美国防部发布《核威慑政策》文件，阐述美国面临的核威胁、核武器作用及使用政策、核力量现代化与发展新型非战略核能力的重要性、核军控及防扩散政策等。此举旨在为核力量现代化寻求国会经费支持，彰显其强化核力量建设的决心。

1. 美国面临冷战以来最复杂、最不确定和最危险的核环境

文件称，尽管美国努力降低核武器在国家安全中的作用，削减核武器数量，但其他国家并未效仿。俄罗斯和中国不断提升核武器战略作用，积极扩大核力量规模与多样性。与俄、中重回长期战略竞争是美国家安全的核心挑战。

俄罗斯开发、测试、部署新型“三位一体”核运载系统，试验高超声速飞行器、核动力巡航导弹、核动力无人潜航器等新型核武器能力。中国正开发、测试、部署新一代陆基弹道导弹，提升潜射弹道导弹射程，研发新型战略轰炸机，投入大量资源研发先进的核运载系统和高超声速飞行器。此外，朝鲜六次核试验和三次洲际弹道导弹试验证明其具备了打击美国本土的能力。

2. 美国不放弃首先使用核武器的权利，核武器使用政策保持模糊性

文件明确表示，美国不采取“不首先使用”政策。该政策不仅会降低美国在面临威胁时使用核武器的决心，加剧核战争风险，还会削弱美国对北约、日本、韩国等盟国延伸威慑核保护的可信性，刺激盟国发展核武器。

文件重申了 2018 版《核态势评估报告》中核武器的四方面作用，即慑止核与非核攻击、保护盟国安全、威慑失效时进行核反击、防范未来不确定性。美国

仅在极端条件下使用核武器，极端条件包括但不限于对美国和盟国的民众、基础设施、核力量及其指挥控制系统、预警和攻击评估能力的大规模非核战略攻击。保持核武器使用政策的模糊性有助于加强潜在侵略者的克制和谨慎。

3. “三位一体”核力量现代化至关重要，经费投入可以承受并享有优先权

文件强调，“三位一体”核力量经受住了时间考验，每一“位”都具有独特性，且互为补充。陆基核力量处于预警发射状态，使敌人无法对美国进行“解除武装”核打击；海基核力量生存能力强，是最主要的二次打击手段；空基核力量便于展示核威慑，有多种部署和威力选择方案。

美国的核武器、核运载系统、核指挥控制系统、核军工设施老化，将在2025—2035年达到服役年限，现代化势在必行。

核弹头现代化包括6项工作：①海基W76－1潜射弹道导弹弹头已完成生产；②海基W76－2低威力潜射弹道导弹弹头2019年开始生产；③空基B61－12核航弹2020年开始生产；④海基W88改型370潜射弹道导弹弹头2020年开始生产；⑤空基W80－4远程防区外巡航导弹弹头2025年开始生产；⑥陆基W87－1洲际弹道导弹弹头2030年开始生产。

运载系统现代化包括6项工作：①新一代“陆基战略威慑”洲际弹道导弹，2029年实现初始作战能力；②新一代远程防区外空射巡航导弹，21世纪30年代初期开始部署；③新一代“哥伦比亚”级弹道导弹核潜艇，首艇2021年开建，2031年部署；④现役“三叉戟”－ⅡD5潜射弹道导弹延寿，2023年完成；⑤新型B－21战略轰炸机，2025年实现初始作战能力；⑥F－35A战斗机替代F－15E挂载B61－12核航弹，2024年完成认证工作。

经费方面，未来核力量在国防部经费中的占比最高时为6.4%，其中3.7%用于现代化改造，2.7%用于维持现有系统运行，远低于20世纪80年代和60年代10.6%和17.1%的经费占比。且以大规模战争或核战争的灾难性后果来衡量，这一经费投入可以承受。

4. 发展新型非战略核能力，慑止俄、中在地区冲突中使用核武器

文件指出，美国发展新型海基低威力核武器是为“确保俄罗斯、中国和其他

国家不认为我们在地区威慑能力存在缺口”。俄罗斯奉行“以升级促降级”核战略，以有限升级核战争的方式促使与北约的常规战争降级，拥有核鱼雷、核反导系统、核地雷、核炮弹在内的约 2 000 枚非战略核武器，数量和种类远超美国。美国发展新型非战略核能力旨在提高俄罗斯的核武器使用门槛，而不是降低美国的使用门槛。这些补充能力既不需要核试验，也不违反现行军控条约，并可为未来军控谈判提供筹码。

5. 美国致力于寻求有效的军备控制和核不扩散

文件表示，军备控制可以成为管理竞争和降低风险的有效工具，但军备控制本身不是目的，而是必须为美国和盟国安全做出贡献。美国将继续致力于寻求可核查的军控措施，加强核不扩散机制，阻止核技术和核材料扩散。

6. 小结

美国将与俄、中的长期战略竞争视为核心挑战，强调核威慑作用，全面升级战略核力量，发展新型非战略核能力，寻求有利于美国安全的军备控制，将对国际战略安全与稳定产生深远影响。

（中国核科技信息与经济研究院
审查专家：黄国俊、李景、诸旭辉、赵永刚）

四、主要国家海基战略核力量发展综述

海基核力量是主要的二次核打击手段，具有隐蔽、灵活和生存能力强等特点。美、俄、英、法部署的战略核力量中，海基核弹头占比分别为 51%、27%、100%、80%。近年来，主要国家相继启动海基核弹头及运载系统更新换代，取得重要进展。

1. 美国

美现役 W76、W88 两型海基核弹头，14 艘“俄亥俄”级战略核潜艇，240 枚“三叉戟”－Ⅱ潜射弹道导弹。

核弹头

W76 是一种两级内爆式核战斗部，威力为 10 万吨梯恩梯当量。1998 年，美启动 W76 弹头延寿计划，升级引信；2019 年 1 月完成全部 1 600 枚核弹头升级。特朗普政府提出开发新型海基低威力核武器，改造少量 W76 弹头，通过使弹头次级失效，将其威力从 10 万吨梯恩梯降至 0.65 万吨梯恩梯；2019 年 2 月已完成首枚生产，计划 2020 年开始部署于现役“三叉戟”－Ⅱ潜射弹道导弹。

W88 战略核弹头是一种两级内爆式核战斗部，威力 47.5 万吨梯恩梯当量，可打击发射井和地下指挥所等加固目标。2002 年，美启动 W88 改型 370 计划，解决弹头老化问题；目前项目正处于批量生产前的工程研发阶段。延寿弹头将采用新的保险、引信和点火子系统，更换包括气体传输系统和中子发生器在内的有限寿命的非核部件。计划 2019 年年底交付第一个产品装置，2024 年前完成生产。

战略核潜艇

美高度重视战略核潜艇发展。首艘“俄亥俄”级战略核潜艇 1979 年下水。潜艇动力系统装有 1 座 S8G 自然循环压水堆，水下航速为 25 节，潜深 244 m，艇员为 155 人，改装后每艘可携带 20 枚“三叉戟”－Ⅱ潜射弹道导弹。新一代“哥伦比亚”级战略核潜艇 2011 年开始研制，采用 S1B 全寿期反应堆，战略值班时间增多；使用全电推进及减震降噪技术，更加安静；尾部采用 X 形设计，增强操纵安全性。新潜艇计划建造 12 艘，前两艘分别于 2021 年和 2024 年开始建造，2026 年起每年新建一艘；首艇 2030 年服役。

潜射弹道导弹

现役“三叉戟”－Ⅱ潜射弹道导弹于 1983 年开始研制，3 级固体推进，射程超过 7 400 千米，命中精度为 90 米。2017 年完成延寿并开始列装，计划服役到 2042 年，以配合“俄亥俄”级核潜艇的服役时间。“哥伦比亚”级战略核潜艇计划装备 16 个弹道导弹发射筒，服役初期仍装备“三叉戟”－Ⅱ导弹。新一代潜射弹道导弹将于 2026 年启动研发，2035 年试生产。

2. 俄罗斯

俄现役 3 型 10 艘战略核潜艇，包括 1 艘“德尔塔”－Ⅲ潜艇、6 艘“德尔塔”－Ⅳ潜艇和 3 艘“北风之神”潜艇；“鲔鱼”“轻舟”和“布拉瓦”3 型 160 枚潜射弹道导弹。

战略核潜艇

“德尔塔”级核潜艇主要是苏联时代建造服役的，经过多次升级，“德尔塔”－Ⅲ将在 2020 年前退役，“德尔塔”－Ⅳ计划服役到 2025—2030 年。“北风之神”级核潜艇噪音低，隐蔽性强。艇体表面贴敷了厚度超过 150 毫米的高效消声瓦，同时主机等主要噪声源安装了整体浮筏式双层减振基座及隔音罩，还在消除红外特征、磁性特征、尾流特征等方面都采取了一些独到的隐形措施，是目前世界上最先进的核潜艇型号之一。俄计划 2020 年前完成 8 艘新潜艇部署，前三艘分别于 2013 年、2015 年和 2016 年服役。其余 5 艘将改进尾舵结构和声学性能，采用泵推进、新型材料和电子设备，降低噪音，被称为“北风之神”－A 级，首艇“弗拉基米尔大公”号 2017 年 11 月下水，其余 4 艘在建。

潜射弹道导弹

“浦鱼”导弹 20 世纪 70 年代末装备部队，可携带 3 枚弹头，目前装备 1 艘“德尔塔”－Ⅲ核潜艇，即将随潜艇退役。“轻舟”导弹装备 6 艘“德尔塔”－Ⅳ潜艇，可携带 4 枚分导弹头，射程 8 300 千米，是俄罗斯当前海基战略核力量的支柱。2013 年，“布拉瓦”导弹伴随着“北风之神”级潜艇首艇正式服役，可携带 6～10 枚分导核弹头，三级固体推进，射程 8 000 千米，可在潜艇行进过程中发射，加装抗辐射及电磁干扰的防护罩，增加诱饵装置等，可突破反导系统。

核动力无人潜航器

“波塞冬”核动力无人潜航器长约 24 米、直径约 1.6 米，航速为 30 节，潜深达 1 000 米；由小型核动力驱动，可携带大威力核弹头；洲际航程、自动控制、高速攻击，可通过爆炸、冲击波、引发海啸对敌航母战斗群、沿海防御工事和基础设施等目标实施打击。2017 年 12 月完成了为期数年的核动力系统测试；2019 年 2 月成功完成水下测试；计划部署 32 具，已被列入俄“2018—2027 年国家军备计划”，预计 2027 年前服役。

3. 英国

战略核潜艇

英国现役 4 艘“前卫”级战略核潜艇，能够确保任何时候都有 1 艘处于警戒巡逻状态。2006 年决定研制新一代战略核潜艇，2016 年 10 月，正式将其命名为“无畏”级。首艇 2016 年开始建造，计划于 21 世纪 30 年代初服役。目前项目整体工作进展顺利，2018 年 4 月“无畏”级潜艇计划进入为期三年的第二阶段工作，开展首艇的耐压主体建造、潜艇动力设备的批量采购等工作；启动第二艘“勇士”号的建造工作。

潜射弹道导弹

每艘“前卫”级战略核潜艇可携带 16 枚“三叉戟”－Ⅱ潜射弹道导弹。英国防部已获批开展“三叉戟”－Ⅱ导弹电子部件延寿工作。2018 年美国发布《核态势评估报告》后，英国与美国开始合作解决弹头与“三叉戟”导弹的系统兼容问题，并参与了美国主导的“三叉戟”—Ⅱ导弹全寿期能力项目。同时，英国继续推动潜射弹道导弹核弹头的现代化升级，研制准确性更高、杀伤力更强的新型核弹头 Mark 4A，加速推进 Mark 4A 弹头列装。

4. 法国

法国现役 TN75、TNO 两型核弹头，4 艘“凯旋”级战略核潜艇，48 枚 M51.1、M51.2 潜射弹道导弹。

核弹头

TN75 核弹头 1991 年开始部署，威力约为 10 万吨梯恩梯当量；采用特殊涂层材料，具有低雷达截面以躲避探测和拦截，有很好的钻地和隐身性能；部署在 M51.1 潜射弹道导弹上，计划 2020 年全部退役。每枚 M51.1 导弹可携带 4～6 枚 TN75 核弹头。

TNO 是法国最新型潜射弹道导弹弹头，被认为是 1995—1996 年核试验中验证的型号；爆炸当量为 15 万吨梯恩梯，再入飞行器总重约 500 千克；TNO 核弹头由 M51.2 潜射弹道导弹携带，从 2015 年开始替换 TN75 潜射核弹头。

战略核潜艇

法国现役 4 艘“凯旋”级弹道导弹核潜艇，先后于 1997 年、1999 年、2004 年和 2011 年服役，代号分别为“凯旋”号、“鲁莽”号、“警戒”号和“可畏”号，其中 1 艘处于战备值班状态、1 艘从战略威慑巡航中返回、1 艘准备战略威慑巡航、1 艘进行深度维护。在海上的 3 艘潜艇各装备 16 枚导弹。法国已完成 M45 潜射弹道导弹的替换工作，新型 M51 系列导弹服役。

潜射弹道导弹

M51.1 导弹长度约 13 米，主体直径约 2.35 米；三级固体推进，射程超 6 500 千米；采用惯性制导，精度较高。新型 M51.2 潜射弹道导弹射程据称可达 8 000～9 000 千米，可搭载 4～6 枚 TNO 核弹头；2012 年进行首次试射，2016 年完成首艇安装工作。2015 年 2 月，法国宣布将开发新型 M51.3 导弹，重点提高第三段性能，预计 2025 年服役。

5. 小结

美、俄、英、法等国高度重视海基战略核力量发展，推动海基核弹头、战略核潜艇及潜射弹道导弹升级和更新换代，提升未来装备性能及作战效能。核弹头威力选择趋于多样化，战略核潜艇综合隐身性能提高、巡航时间增长，潜射弹道导弹射程、打击精度和突防能力进一步提升。未来主要国家海基核威慑能力将显著增强。

（中国核科技信息与经济研究院

审查专家：黄国俊、李景、诸旭辉、赵永刚）

五、特朗普政府持续大幅增加核力量建设投入

2019 年 1 月，美国会预算办公室（CBO）发布《2019—2028 年美国核力量预算投入》报告，指出按照目前的核力量规划，美国未来十年需要投入近 5 000 亿美元，用于核力量运行、维护和现代化。该报告比 2017 年版报告估算的 4 000 亿美元增长 24%，主要原因是新型核武器及其运载系统逐渐进入采购阶段、核武器综合体现代化工作逐步推进等。

1. 特朗普执政以来，国会预算办公室两次大幅提高核力量建设投入预算估值

2013 年《美国国防授权法》要求国会预算办公室估算未来十年的核武器运行、维护和现代化项目成本，以帮助国会决策。该办公室在 2013 年 12 月、2015 年 1 月、2017 年 2 月和 2019 年 1 月先后发布了四版《美国十年核力量预算投入》报告，估算的十年核力量预算投入分别为 3 550 亿、3 480 亿、4 000 亿和 4 940 亿美元。

特朗普 2017 年执政以来，国会预算办公室两次大幅提高核力量建设投入预算估值，其中 2017 年版较 2015 年版增长 15%，2019 年版较 2017 年版增长 24%（见表 1）。

表 1　美国未来十年核力量建设投入预算估值　（亿美元）

	2014—2023	2015—2024	2017—2026	2019—2028
战略核武器及其运载系统	820	830	900	1070
海基	240	260	430	610
陆基	400	400	430	490

续表

	2014—2023	2015—2024	2017—2026	2019—2028
空基	110	110	130	160
其他核相关活动	1 560	1 600	1 890	2 340
战术核武器及其运载系统	70	80	90	150
核武器实验室及相关活动	120	150	180	240
库存服务	300	280	320	410
设施	350	370	370	410
其他管理和辅助活动	770	790	870	1 060
指挥、控制、通信及早期预警系统	130	120	140	190
指挥和控制	230	200	200	230
通信	200	190	240	340
早期预警	560	520	580	770
不可预见费	590	490	560	620
总计	3 550	3 480	4 000	4 940

2. 未来十年重点支持核武器、核运载系统、核指挥、控制、通信和早期预警系统建设

未来十年将重点开展如下工作。一是为海基核武器及其运载系统投入1 070亿美元，主要用于现役系统维护升级和新一代“哥伦比亚”级战略核潜艇开发。二是为核武器实验室及相关活动投入1 060亿美元，主要用于核弹头库存维护和现代化升级，铀钚氚锂等军用核材料的贮存、回收、生产，以及核军工能力与技术发展。三是为核指挥、控制、通信和早期预警系统投入770亿美元，主要用于现役系统维护和新系统开发。四是为陆基核武器及其运载系统投入610亿美元，主要用于现役“民兵”－Ⅲ洲际弹道导弹维护升级和“陆基战略威慑”项目。五是为空基核武器及其运载系统投入490亿美元，主要用于现役系统维护升级，以及新型轰炸机B－21和新一代空射巡航导弹开发。其余经费主要用于国防部相关涉核研究及提供作战支持等。

未来十年美国核力量建设投入之所以出现增长，主要在于以下方面。一是核

武器实验室和相关活动增加 190 亿美元，增长 22%，主要原因是新版《核态势评估》报告要求进一步扩大钚弹芯生产能力，从奥巴马时期计划的 2030 年年产 50～80 枚扩大到至少 80 枚。增长的经费还将用于支持核武器综合体现代化以及铀氚锂等军用核材料的加工生产。二是核指挥、控制、通信和早期预警系统增加 190 亿美元，增长 33%，主要用于支持更换国家空中行动中心飞机、天基红外系统早期预警卫星、先进极高频通信卫星。三是陆基核武器及其运载系统增加 180 亿美元，增长超过 42%，主要原因是“陆基战略威慑”项目将从 2026 年开始陆续启动导弹生产和发射井翻新工作。该项目旨在建设综合武器系统，包括研制新一代洲际弹道导弹、升级导弹发射井和相关基础设施等，以实现 2036 年前全面替代“民兵”－Ⅲ洲际弹道导弹。四是海基核武器及其运载系统增加 170 亿美元，增长 19%，支持 2026 年后新增的第四、第五艘“哥伦比亚”级核潜艇开发。

3. 小结

特朗普政府执政以来，对前政府提出的核力量现代化计划不仅照单全收，全面推进陆基、海基和空基核武器及其核运载系统的全面现代化，还进一步推进核军工基础设施现代化、扩大/重启铀氚锂等军用核材料加工生产、扩大钚弹芯生产、启动两种新型海基低当量核武器研发，采取切实行动重建美国核力量。随着美国“三位一体”核力量全面现代化工作的逐步推进，未来一段时期内，其核力量建设经费将保持在较大规模，并维持较大幅度的增长态势。

（中国核科技信息与经济研究院

审查专家：黄国俊、李景、诸旭辉、赵永刚）

核武器与核动力篇

一、美国发布核军工发展愿景与路线图

2019 年 5 月，美能源部国家核军工管理局（以下简称 NNSA）发布《战略愿景》《治理管理框架》《战略综合路线图》等三份战略文件，从愿景、管理、路线等方面顶层规划美核军工企业未来发展，旨在响应新版《核态势评估》提出的“制定 NNSA 路线图，确定现代化和防范未来风险所需的生产能力”要求。

1.《战略愿景》

《战略愿景》旨在明确 NNSA 当前面临的挑战、未来发展方向及任务重点。提出为应对国际安全环境变化，NNSA 需不断改进业务流程，解决关键基础设施和战略材料制造方面的差距和不足，确保核武器国家实验室、核材料处理加工工厂、核试验场址具备维持现有库存以及开发、认证未来库存的能力。

《战略愿景》称，NNSA 旨在成为能够满足美国核安全和战略防御需要的卓越机构，并为此提出七项任务要求。一是按时、按预算完成符合最高安全、安保和有效性标准要求的核弹头现代化项目；二是灵活、有弹性、适应能力强，能够防范未来地缘政治不确定性和技术突袭，并满足不断变化的军事和防扩散需求；三是具备一流的安全实践、应急准备与响应、核取证等能力，强化对网络风险的防护；四是提供安全高效的海军核推进装置，能够应对 21 世纪国防安全环境变化；五是努力建设一支拥有统一领导的强大队伍，能够及时提供创新、高效的技术解决方案，并最大限度地降低进度和操作风险，迎接当前和未来挑战；六是树立以国家安全使命为己任的核心价值观；七是对库存进行年度评估，从战略层面规划未来行动。

2.《治理管理框架》

《治理管理框架》从任务集成、人才培养、风险管理、责任分工等方面对美国核军工企业提出四点管理要求。一是通过高效的团队协作和任务集成，使NNSA作为整体朝着同一目标推进工作；二是确保每一位员工都清楚并理解NNSA的使命，以及个人在完成使命的过程中所扮演的角色；三是在简政放权、优化决策和管理流程的同时，建立健全风险管理机制；四是根据明确定义的分工、职责和权限来执行任务，以防重复工作等问题。

3.《战略综合路线图》

《战略综合路线图》明确了2020—2044年NNSA在核威慑、降低核威胁、核推进、核科学技术和基础设施现代化五方面的优先任务和里程碑节点。

核威慑方面，全面推进核军工项目实施，缩短武器产品生产周期，提高响应能力。2020年开始执行“设计基准威胁”政策；2024年完成海基W88弹头改型370延寿计划和空基B61－12核航弹生产；2025年提高氚生产能力并进行演示验证；2026年实现洛斯·阿拉莫斯国家实验室年产不少于30枚钚弹芯；2030年实现年产不少于80枚钚弹芯；2031年完成空基W80－4弹头延寿计划；2036年完成陆基W87－1弹头生产（替换现役陆基W78弹头）；2039年建成国内军用高浓铀生产能力。

降低核威胁方面，降低全球核威胁，防止核扩散，应对核恐怖主义和突发事件。2023年在14个城市建立爆炸物安全化处理能力；2025年前在80个国家建立反核走私能力；2027年替换血液辐照仪中的铯放射源；2028年开始处理《钚管理和处置协定》中的冗余钚；2029年完成过剩核材料的清除工作；2031年向空军交付最后一批核爆炸探测器；2033年完成辐射安保升级；2034年交付最后一个核爆炸探测器的有效载荷；2035财年完成高浓铀反应堆的低浓化工作。

核推进方面，为海军提供核动力，开发新型核反应堆和技术。2021年完成S8G原型堆换料大修；2025年完成海军乏燃料操作设施；2031年交付首艘“哥伦比亚”级核潜艇；2034年完成海军检查能力采办项目；2041年交付最后一艘“哥伦比亚”级核潜艇。

核科学技术方面，利用技术解决方案领导技术和工程创新。2023年建成百亿亿次级计算能力；2026年提升次临界试验能力；2035年完成联合辐射环境生存能力测试。

基础设施现代化方面，降低平均使用和超期维护年限，重组并处置过剩资产。2021年现代化联邦非密IT设施；2022年现代化企业安全网络和网络基础设施，完成钚化学、冶金科研楼的替换；2023年现代化NNSA在阿尔伯克基的弹头飞行试验测试设施；2025年将超期维护年限降低30%，完成铀处理设施建造；2027年完成锂处理设施建造；2030年完成安保设施振兴计划；2031年完成氚的精加工设施建造；2038年完成所有厂址设备的现代化；2043年，累计完成1 000万平方英尺（1平方英尺＝0.092 903 04平方米）办公室/实验室的建设/现代化。

4. 小结

NNSA发布核军工发展愿景与路线图，充分体现美新版《核态势评估》将核军工视为美核威慑的基石、构建灵活响应核军工体系的核心思想。2019—2028年美核军工现代化经费预算超1 000亿美元，其中NNSA 2020财年预算申请165亿美元，较2019财年增长超8%。突显特朗普政府重振美国核军工、现代化关键基础设施的决心。

美根据国家安全和核武器装备需求开展核军工能力评估，谋划近期和长远发展，补齐核心能力短板，构建技术先进、灵活响应的核军工体系，值得借鉴。

（中国核科技信息与经济研究院
审查专家：黄国俊、李景、诸旭辉、赵永刚）

二、美国推进核武器氘化锂-6热核部件生产

2018年2月，美国新版《核态势评估》报告提出“确保目前重建美国锂化合物生产能力的计划能够充分满足军事需求”。为落实该报告要求，能源部在2019财年预算报告中设立“锂保障”专项计划，并增加新的锂加工设施建设经费，保障氘化锂-6热核部件供应。

1. 锂-6是氢弹核心装料，美国采取多种工艺保障氘化锂-6部件供应

锂-6与氘合成的氘化锂-6是氢弹必不可少的核心装料。在氢弹爆炸中，高能中子与氘化锂-6发生反应生成氚，氚与氘发生聚变反应，释放出巨大能量。氚也是增强裂变弹的重要装料，锂-6是生产氚的关键原料之一。美国在核反应堆中利用中子轰击偏铝酸锂合金靶件生成氚。因此，只要核武器存在，锂-6便不可缺少。

历史上，美国生产了高达442.4吨军用锂-6材料，1963年停止生产。至今仍保有大量锂-6，其中大部分处于库存状态，部分存在于从核武器上拆卸下来的退役氘化锂-6部件（以下简称“退役部件”）中。核武器上的氘化锂-6部件在空气中会氧化，影响核武器的性能，因而必须更换。为生产新的氘化锂-6部件，2013年之前美国主要通过利用库存和回收退役部件获取锂-6，2013年改为仅回收利用退役部件，2019年又新增库存材料。

库存锂-6主要为氯化锂-6，以及少量锂金属，需要转化为氘化锂-6。退役氘化锂-6部件上含有许多杂质，必须先经过纯化，去除杂质后再转化成氘化锂-6。美国先后采取多种工艺，对库存锂-6/退役部件进行加工。

第一种是锂纯化转化工艺，即退役锂部件在盐酸中溶解，经过蒸发结晶、电

解还原等步骤生成锂金属，与氘化反应转化成氘化锂，再粉碎研磨成型，制成核武器部件。第二种是锂转化工艺，即库存氯化锂材料电解还原成锂金属和/或库存锂金属，经过氘化反应转化成氘化锂，再粉碎研磨成型，制成核武器部件。由于产生腐蚀性液体和气体，这两种工艺 2013 年停用。

第三种是直接材料制造工艺，即退役部件经打磨擦拭，去除上面的杂质，然后粉碎研磨成型，制成核武器部件。该工艺于 2012 年启用，回收利用率低，打磨擦拭过程中产生的高达 50%的锂化合物粉末无法再利用。虽然该工艺能够满足当前的生产要求，但美国认为无法满足未来预期需求。为此，美国已开始启用锂转化工艺，计划 2020 财年全面恢复。同时，美国正在研发新的锂纯化技术。

图 1 给出锂部件制造流程图和时间轴。

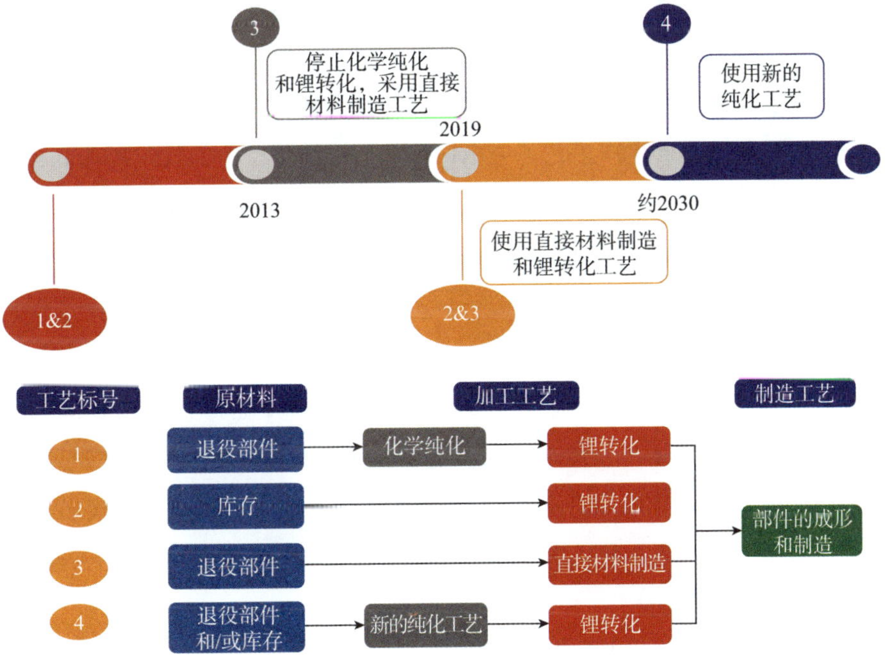

图 1　锂部件制造流程图和时间轴

2. 美国设立“锂保障”专项计划，开展工艺技术改造

2019 财年，美国设立“锂保障”专项计划，拨款 2 914 万美元，次年申请

2 880万美元。“锂保障”计划为了保障武器所需的锂材料和部件供应，实施工艺改造和技术开发，主要活动包括：

（1）回收和保障氘化锂材料。如前所述，美国目前利用两种工艺生产氘化锂材料，主要利用直接材料制造工艺。该工艺对退役部件的质量要求较高，约有15%的退役部件不适用。为保障该工艺所需的退役部件数量，美国将对更多部件进行认证。

（2）重建将氯化锂转化为氘化锂的转化能力。美国现有大量氯化锂和锂金属库存。为了将其转化为可用于武器部件的氘化锂，该计划拨款支持电解池和氢化反应器的运行和维护，在2020财年全面恢复锂转化工作。

（3）拨款支持辅助设施，保障生产能力。“锂保障”计划支持对现有设施的维修、升级改造、更新关键设备，维持9204—2号楼的锂工作，直到新的锂加工设施建成。

（4）研发和部署锂纯化和生产技术，支持新的锂加工设施。美国正在研发更加安全有效的锂纯化和生产工艺，包括四种新的锂纯化工艺、氘气捕获和回收工艺、锂粉末回收工艺。目前已完成锂纯化和生产技术的《技术准备评估》报告，计划2021财年前新的锂纯化技术成熟度达到7级（具备工业应用条件）或更高。

3. 建设新的锂加工设施

美国目前使用Y—12场址的9204—2号楼来加工锂部件。该设施始建于1943年，用于铀部件生产，1954年转用于锂加工，20世纪80年代末至90年代初对大部分设备进行替换或升级。随着时间推移，建筑结构和工艺设备不断老化，特别是用于回收锂-6的化学纯化工艺产生大量腐蚀性液体和气体，导致房屋建筑腐蚀严重。

为实现未来氘化锂-6的长期可靠供应，替代现有Y—12场址9204—2号楼老旧设施，2015年美国批准新建锂加工设施的任务需求。新设施拟建在Y—12场址东侧，占地328公顷，建筑面积8 361～10 219平方米，包括锂加工设备区、运输和接收区、存储区以及技术和管理支持区。在新设施开工之前，需要拆除旧的建筑物，修复受污染的土壤。

美国2019年完成该设施的概念设计，计划2022财年开工建造，2027财年完成建设，2030 财年开始运行。该设施的预期寿命为 50 年，建设经费 7.2 亿美元。

4. 小结

自 2018 年开始，美国采取一系列措施，设立“锂保障”专项计划、研发新的锂纯化工艺、加快新的锂加工设施建设，大力推进核武器氘化锂-6 热核部件生产。这是特朗普政府推进核力量建设的一项重要举措。

为确保我国核力量的长期有效性，也应确保锂材料的长期可靠供应；加快发展先进的工艺技术，积极更新改造加工设施；保持先进、足够的锂生产加工能力。

（中国核科技信息与经济研究院

审查专家：黄国俊、李景、诸旭辉、赵永刚）

三、俄罗斯新型深海战略武器取得重大突破

2019年2月20日，俄罗斯总统普京发表《国情咨文》宣布，“波塞冬”核动力无人潜航器的测试进展顺利。“波塞冬”是俄实施非对称战略、维持与美战略平衡的重要手段之一，服役后可丰富陆海空基“三位一体”核力量结构，极大提高俄战略核力量的有效性和战略威慑的可信性，遏制美在核威慑领域取得单边军事优势。

1. 俄开发新型战略武器，对冲美反导优势

俄罗斯是世界上唯一能运用核力量与美国抗衡的核大国。由于俄在常规军力上与美的差距较大，因而始终将核力量作为巩固大国地位、与美战略博弈、防止发生核与常规军事冲突的可靠盾牌，强调核力量的重要性，高度重视其发展。俄“2018—2027年国家军备计划”的目标是2027年实现武器装备现代化，其重点在核力量建设。美指责俄的军事战略是依靠“核升级”来取得成功。

美国于2002年退出《反导条约》，逐步建立全球反导体系，反导技术日趋成熟，已具备一定的洲际弹道导弹拦截能力。2019年1月，美发布新版《导弹防御评估》，首次明确将俄、中列为主要对象和潜在对手，将导弹防御对象拓展到包含高超声速导弹和巡航导弹，发展集进攻与防御于一体的导弹防御体系。此举使美俄冷战时期建立的以“相互确保摧毁”为基础的战略稳定遭到破坏。普京指出，美在本土、西欧、日韩部署导弹防御系统，如俄不采取行动，所有导弹都可能被轻易拦截，导致俄核威慑能力“完全贬值”。

为对冲美反导优势，俄采取了强有力的应对措施。一是研发先进突防系统并装配于现役和新列装的洲际弹道导弹，提升其突防能力。二是开发6款新型战略

武器（至少 4 款有核能力），增加导弹防御系统拦截难度或不可拦截。其中“波塞冬”核动力无人潜航器可在极深的水下以数倍于潜艇、先进鱼雷和各种水面舰艇的速度航行，美反导系统无法触及。

2. “波塞冬”研发进展顺利，列装后可形成非对称打击能力

“波塞冬”由小型核动力驱动，可携带大威力核弹头或常规弹头，实现深海潜航、洲际航程、自动控制、高速攻击，可通过爆炸、冲击波、引发海啸对敌航母战斗群、沿海防御工事和基础设施等目标实施打击。

“波塞冬”继承了苏联时期曾研制过的超重型核鱼雷的部分设计概念，借鉴了美国海军近年来发展的大排量无人潜航器，由红宝石中央海洋技术设计局和圣彼得堡孔雀石海洋机械制造设计局历时十余年联合研发。2017 年 12 月完成了为期数年的核动力系统测试；2018 年年底以试验艇为母艇进行水下测试，2019 年 2 月成功完成测试，艇员通过了培训。已被列入俄“2018—2027 年国家军备计划”，预计 2027 年前服役，届时可形成新型核威慑能力。

俄海军宣布拟部署 32 具“波塞冬”用于战备值班。目前计划以 09851 型和 09852 型特种核潜艇为运载平台，每艘潜艇可携带 6 具“波塞冬”。预计 09852 型 2019 年下水、2020 年服役，09851 型 2020 年下水、2022 年服役。

3. “波塞冬”集成多项前沿技术群，特征突出

根据俄官方披露及专家分析，“波塞冬”的主要技术特征如下：

一是采用小型先进核动力，航程长、速度快。普京称“波塞冬”可实现洲际航程，采用的新型核动力系统尺寸小但比功率极高，其体积不到俄现代核潜艇的 1%，且功率提升速度快，切换到最大功率的速率比核潜艇快 200 倍。我专家判断，“波塞冬”极可能采用了小型液态金属反应堆，航速可达 60～70 节（约 110～130 千米/小时）。

二是可携带大当量核弹头，核常兼备。“波塞冬”的载荷舱段约占全长四分之一，装载不同类型任务模块的空间条件优越。俄称可搭载 200 万吨梯恩梯当量的核弹头。“波塞冬”作为多功能无人潜航器，也能搭载常规弹头及其他任务载荷。

三是采用先进设计和材料，潜深大、隐身性能好。“波塞冬”长约24米、直径约1.6米。采用高强度耐压材质壳体和特殊结构，据称可以在极深的深度航行，专家推测其潜深达1000米，远超美俄潜艇可达到的最大600米潜深。采用喷水式推进器、较大摆式舵，水流绕流噪音低，俄水声专家推算，“波塞冬”在30节（约55千米/小时）航速时，被声呐探测到的距离小于2～3千米，突破美国海底固定式声响监视系统时被探测到的概率不超过5%～15%。

四是采用先进导航、指控通信系统，实现较高定位精度。“波塞冬”为实现长航时水下自主航行，须具备先进的探测、导航、指控通信等能力。西方专家判断，“波塞冬”综合了惯性导航和海底地形匹配导航等技术，具有较高水下定位精度。

4. 小结

核动力与无人武器平台结合是未来深海武器装备技术发展的重要方向之一，赋予装备高度灵活、形式多样的作战能力，可能引发未来作战样式的深刻变革。建议在现有基础上，加快新型特种核反应堆和核燃料研发，满足未来核动力系统的小型化、高安全可靠性、智能化、免维护等要求；加强特种核动力与深海无人平台、水下武器等相融合的关键技术研究和能力建设，为未来研发颠覆性核动力装备做好储备。

（中国核科技信息与经济研究院

审查专家：黄国俊、李景、诸旭辉、赵永刚）

四、美国启动军用微堆研究

2019年1月，美国防部战略能力办公室（SCO）向业界发布征询书，征集关于微型可移动堆原型设计与示范路径的信息，谋划启动名为“双锂”的研发计划。此举意味着美国时隔八年欲重启军用微型可移动堆研发活动。

1. 微型可移动堆研发计划

微型可移动堆顾名思义，具有体积微小和便于运输的突出特点。SOC认为，微型可移动堆作为一种高机动性、高能量密度的核能装置，有潜力成为军用能源动力领域一种战略性的游戏规则改变者。在电网遭受攻击后，这种反应堆能够使美军迅速恢复大规模供电能力；在前沿作战基地部署这种反应堆，可大幅简化当前复杂而脆弱的油料补给线；此外，在人道主义救援和救灾行动中，也可用于快速大规模供电。

“双锂”计划旨在研发一种能够实现上述目的的军用微型可移动堆。该计划拟分两个阶段实施：第一阶段计划耗时9～12个月资助三种原型堆的工程设计活动并确定一个优选方案；第二阶段将在优选方案基础上建造并测试原型堆。信息征询工作已于2019年2月上旬结束；SOC目前正在对信息进行评估，并将根据评估结果确定是否启动“双锂”计划。

按照“双锂”计划的要求，微型可移动堆总重不超过40吨，电功率为0.1～1万千瓦，可使用卡车、轮船或C－17战略运输机运送；使用高丰度低浓铀燃料，换料周期大于3年；具备固有安全性，可从物理学上杜绝事故工况下熔堆的可能性；采用半自动化设计，无需人工控制来确保反应堆安全，仅需极少人力监控运行；可在3日内完成现场安装并开始产生热量，关闭后7日内完成拆卸以待运输。

2. 研发历史及“双锂”计划的背景

美国海外军事行动中的能源供应主要依赖油料，而大量油料的远程运输不仅耗资巨大，并且使运输和护送人员面临袭击风险。因此，美军几十年来一直在寻求一种能够“改变游戏规则”的替代能源，而核能始终被寄予厚望。

美军曾于20世纪五六十年代研发并部署过几款最大电功率为10万千瓦的可移动堆，然而这些反应堆建造运行成本太高，于20世纪70年代被弃用。进入21世纪后，现代战争对能源密集度和机动性的要求越来越高，常规油料已难以满足美军在伊拉克、阿富汗等地大规模作战行动的能源需求，因此微型可移动堆再次被提上日程。2011年，美国国防高级研究计划局启动相关研发项目，但是受国防经费削减影响，项目启动不久即被放弃。

2016年，美国防部国防科学委员会发布研究报告《前沿远程作战基地的能源系统》，建议美军投资研发可部署于前沿作战基地的微型可移动堆。2018年，美军的一份独立研究报告称，微型可移动堆属于“典型的颠覆性创新”，其回归将对军队及整个国家产生重大影响。2019年年初，美国防部决定谋划启动“双锂”计划，推动微型可移动堆技术的研发及军事应用。

3. 主要进展与挑战

美国目前至少有5种微型可移动堆设计处于不同的研发阶段。其中，MegaPower和Holos的技术成熟度相对较高。前者采用“热管”技术，无需水冷系统，可用卡车或拖车运输；后者采用气冷模块堆设计，四模块配置可装入标准集装箱。其他设计进度较为落后或某些参数不符合“双锂”计划的要求。据美国核能学会预测，首座原型示范堆可能于2024—2026年启动运行。

传统商用轻水堆使用丰度为3%～5%的低浓铀燃料，而微型可移动堆等先进反应堆要求使用5%～20%的高丰度低浓铀燃料。为了推动先进反应堆技术研发，美国能源部决定制造高丰度低浓铀试验燃料。2019年1月，美国能源部发布环评报告称，爱达荷国家实验室的燃料制造活动不会对环境造成重大影响。此举为高丰度试验燃料的制造扫除了障碍。

目前，微型可移动堆的部署主要面临监管方面的障碍。美军指出，现有核监管制度及相关国际条约面向的是大型固定核设施，在微型可移动核电站方面尚属空白。

4. 小结

微型可移动堆体积小、重量轻、机动性好，能量密集度高、供电能力强，便于远程运输和前沿作战基地部署，可大幅降低常规油料运输所产生的巨额费用和护送部队的伤亡风险，增强作战基地的能源供应独立性和遭袭之后迅速恢复供电的能力，是一项能够改变游戏规则的颠覆性技术。实现军事部署后，这种反应堆将显著延长旅级部队的无补给作战时间，从而提高部队作战能力。美军对这项技术寄予厚望，并再次谋划启动研发计划，凸显其重大战略价值。同时，这种反应堆在民用领域也极具应用前景，是一种军民融合效益突出的两用技术。

（中国核科技信息与经济研究院

审查专家：黄国俊、李景、诸旭辉、赵永刚）

五、美国加快多项空间核动力技术发展

为抢夺空间优势，美国近期加大了空间核动力技术发展的投资和政策支持力度。重点推进核反应堆电源、放射性同位素电源、核热推进三个方面工作，近期都有实质性进展和突破。空间核反应堆电源计划2026年在月球应用。

美国特朗普政府视空间为优先战略领域，正加快推动载人探索计划。在此背景下，美国正积极推进三个方面空间核动力技术发展与能力建设，预计可在21世纪20年代实现大幅发展。

1. 政策支持与经费投入显著增加

美国特朗普政府执政以来，视太空领域为优先战略领域，拟定全新太空计划，大力发展载人探索。2019年提出在2024年实现载人登月，比原定计划提前4年，为更广泛探索太阳系打下基础。

空间核动力对于未来太阳系载人探索和利用太空等活动，是不可替代的能源选项。2019年以来，美国政府和国会对空间核动力领域的支持力度显著增加。副总统彭斯2019年3月26日讲话指出，“随着美国涉足太阳系更遥远的地方，美国需要创新的新型推进系统，包括核动力”。美国国会2019年初两项拨款法案连续加大空间核热推进技术投资额度，2020财年预算额度从2019财年的7 500万美元增加到2.25亿美元。美国国家航空航天局（NASA）也积极部署载人探索和月球相关技术研发，提出到21世纪20年代，包括月球表面核反应堆电源等在内的一批关键探索技术将实现应用。此外，相关研究机构还提出简化和缩短核发射审批程序的方案。政策导向和经费投入的持续转变，正有力推动美国多项空间核动力技术进入工程应用阶段。

2. Kilopower 列入登月计划

核反应堆电源不受太阳光照等环境因素影响，可在外空长期提供千瓦级以上电力。Kilopower 核反应堆电源创新集成铀钼合金燃料、钠热管传热、斯特林能量转换等技术，形成高度简化和低成本的新颖方案，于 2018 年成功完成美国 40 年来的首次空间反应堆电源地面热试验。该试验中反应堆连续运行 28 小时，通过多种极端运行工况测试，验证了反应堆通过自我调节保持稳态运行和安全性的能力。研究团队认为，该电源在太空飞行以前不需要再次进行地面试验。特别是，斯特林能量转换技术经过长达 9 年的无衰减运行试验，具备空间应用条件，功率范围可延伸至几十千瓦。

2019 年年初，NASA 正式将 Kilopower 空间核反应堆电源项目列入“月球表面创新倡议”开发计划，提出首先研发 1～3 千瓦月球电源系统，2026 年应用在月球着陆器上，可支持月球表面就地资源利用先导示范，后续再开发 10 千瓦电源，满足更多任务需求。

3. 加快放射性同位素电源生产制造

空间放射性同位素电源可长时间稳定提供百瓦级能源。其热源材料钚-238 为阿尔法放射性同位素，具有比能量高、易于屏蔽等优点，是空间放射性同位素电源的首选热源材料，每百瓦电功率需要约 3 千克钚-238。该同位素非天然产生，需经反应堆辐照和后处理提取。美国现有钚-238 库存是 20 世纪乏燃料后处理的副产品，目前库存日益匮乏，仅够满足 2020 年和 2025 年两次空间任务需要。因此，能否保证钚-238 持续供应成为发展空间放射性同位素电源的瓶颈。

为解决钚-238 供应问题，美国 2012 年以后通过在高通量同位素反应堆辐照镎-237 靶件并进行化学分离获得钚 238，已累计生产二氧化钚 350 克。美国政府近年决定将靶件辐照扩大到先进试验堆等，2026 年达到每年 1.5 千克生产能力。

为提高放射性同位素电源能量转换效率，美国加强相关研发。静态转换方面，“增强型 MMRTG” 用方钴矿热电偶代替目前使用的 PbTe/TAGS 热电偶，提高转换效率，降低寿期衰减，可望于 2020 财年启动飞行装置设计。动态转换方面，斯特林转换装置也将应用，提出电源牵引性指标：12 年运行寿期、转换效率在18%以上，输出电功率为200～500瓦等。

4. 核热推进反应堆燃料样件将入堆考验

空间核热推进利用核反应堆裂变产生的能量加热氢气推进剂，从喷嘴喷出产生大推力，可用于航天器推进。反应堆热功率为几十兆瓦到2 000兆瓦，比冲可达化学火箭两倍（约900秒），推力为几十到数百千牛，能有效缩短飞行时间，提高运载能力。美国国会2020财年经费拨款达2.25亿美元，还明确提出开展飞行示范任务的规划研究。

目前活动以核燃料研发、地面试验能力建设、概念设计与研发规划为主，明确了发动机推力达25千磅力（111千牛），运行时间达50分钟，尾气温度达2 850开等需求指标。核燃料完成技术选型，选择六边形19孔构型的低浓铀陶瓷型燃料方案，2018财年完成装填粉末燃料筒、放电等离子体烧结两种燃料制造工艺开发，试制了钼-钨-氮化铀燃料元件样本，2019年开始在爱达荷国家实验室瞬态反应堆测试设施（TREAT）进行反应堆测试。地面原型堆试验方面，为解决发动机尾气收集问题，避免将放射性释放到大气中，2017年以来以斯坦尼斯航天中心A3试验台架为基础建立尾气收集系统，2019年起对该系统进行相关测试。

5. 启示

空间是人类科技发展的前沿阵地，也是各国未来战略争夺的重要领域。核动力相比常规能源具有多个方面不可替代的优势，与各种平台结合，可让各种空间任务能力更强、距离更远、时间更持久。

（中国核科技信息与经济研究院

审查专家：黄国俊、李景、诸旭辉、赵永刚）

六、俄罗斯发展新一代破冰船核动力技术

俄罗斯（苏联）20 世纪 50 年代以来发展了世界上唯一的核动力破冰船船队，到 2007 年共建成三代 10 艘，对保障其北海航线运行能力发挥了巨大作用。随着仅剩的 4 艘破冰船和 1 艘可破冰的集装箱货船都接近服役年限，俄正在加紧建造 3 艘第四代“北极”级核动力破冰船，并已筹备 21 世纪 20 年代再建造 3 艘“领袖”级。破冰船核动力技术研发也在同时推进。

1. 破冰船核动力完成三代发展，服役寿期达到 40 年

第一代核动力系统 OK－150 装备在首艘核动力破冰船“列宁”号上，1959 年开始运行。由于没有建造陆上模式堆，缺乏运行经验，OK－150 重点关注冗余性，共有 3 个压水堆，单堆热功率为 90 兆瓦，每个堆都有 2 套独立、可切断的循环环路，核燃料采用不锈钢包壳的低浓铀燃料。OK－150 运行期间发现了泵、阀等设备和燃料的可靠性和维修性差的问题，1967 年发生冷却剂泄漏事故且无法维修。

第二代 OK－900 系统于 20 世纪 60 年代开始研制，吸取了 OK－150 运行经验，双堆设计，在维修性、可靠性、安全性、经济性、设备寿期上都有提高。一回路显著紧凑化，极大缩短管线长度；从 2 环路增加到 4 环路；提高燃料寿期特性并改进控制方式；蒸汽发生器管道材料从不锈钢改用钛合金。核燃料富集度 55%--90%。早期核燃料采用不锈钢包壳和铝合金基体金属间化合物的弥散型燃料成分，后期逐步发展锆合金包壳燃料，其中 14－10－3M 型堆芯采用了 E－110 锆合金包壳，达到可靠性和经济性最优水平，可运行 4 万小时，在 21 世纪以来普遍使用。OK－900 每堆功率为 159 兆瓦，安装在“列宁”号破冰船上代替

OK－150，从 1974 年运行到 1989 年 11 月退役。改进型 OK－900A 每堆热功率为 171 兆瓦，初始设计寿命为 5～6 万小时（相当于服役时间 10～12 年），先后装备“北极”号等 6 艘破冰船，目前仍运行两艘。

第三代核动力系统于 20 世纪 80 年代研制，重点是适应苏联 1981 年新安全标准，增加了保护容器、应急非能动冷却、应急停堆、一回路压力安全系统、事故安注系统等。核燃料富集度为 90％。KLT－40 系列为单堆设计。KLT－40 堆功率为 135 兆瓦，装备 1 艘可破冰的集装箱货船。改进型 KLT－40M 堆功率为 171 兆瓦，装备 2 艘破冰船。现在 3 艘都在运行。

俄罗斯不断对运行破冰船的核动力装置进行延寿。第二代、第三代核动力设计寿命原定为 5～10 万小时，相当于服役 10～20 年，通过运行期间开展延寿工作，累计运行时间逐步延长到 15～20 万小时，最长累计服役年限达到约 40 年。延寿工作涉及开发诊断手段、开发检查与大修设备、研究材料运行特性优化装置运行、核实反应堆容器寿命和加装安全设备等。现有破冰船在延寿后，大多将在 21 世纪 20 年代陆续退役，为新一代破冰船研制赢得了时间。

2. 第四代核动力采用一体化布置，重点提升经济性

俄罗斯为在建的三艘“北极”级第四代核动力破冰船研制第四代 RITM－200 反应堆装置。RITM－200 主要目标是提高经济指标，包括服役寿命达到 40 年、连续运行时间从 8 千小时延长到 2.6 万小时、平均换料周期从大约 3 年延长到 7 年（首炉料 4.5 年）、反应堆装置质量从 2.6 吨减轻到 2.2 吨。

RITM－200 为双堆设计，每堆热功率为 175 兆瓦，高蒸汽产能的直管直流蒸汽发生器与反应堆一体化布置，减小了装置重量尺寸，提高维修性和可靠性，同时提高自然循环水平，降低泵功率从而延长其寿命。蒸汽发生器内部构件可更换。核燃料富集度不超过 20％。核燃料着重提高能量密度和寿期指标，包壳材料改进为耐腐蚀锆合金 E－110M 和 E－635M、镍铬合金等，燃料候选成分包括二氧化铀-铝合金金属陶瓷等高铀密度弥散燃料。首先研制的 14－15－1 型六边形盒式燃料组件采用 42KhNM 铬镍合金包壳、金属间化合物燃料。堆芯能量从 2.1 太瓦·小时增加到 7 太瓦·小时（首炉料 4.5 太瓦·小时）。首批组件 2017 年完成生产。后续还可能改用 14－15－2 型金属陶瓷燃料。通过加大堆芯尺寸降

低能量密度，并适当降低冷却剂温度等热工和物理条件，延长压力容器与堆芯元件寿命。RITM－200 非可更换设备的设计寿命达 32 万小时，可更换设备 16 万小时。

下一步的改进型 RITM－400 核动力装置现已进入技术设计阶段，计划装备 21 世纪 20 年代将建造的“领袖”级破冰船。RITM－400 以 RITM－200 作为基础，双堆设计，一体化布置，单堆热功率提升到 315 兆瓦，蒸汽发生器数量从 4 个增加到 6 个，设备尺寸及功率均增加，应急冷却系统优化。

3. 小结

俄罗斯破冰船核动力技术持续改进和持续创新，第四代 RITM－200 首次采用一体化布置、新型燃料包壳材料，提升了运行可靠性和经济性。下一步还将加大反应堆功率，并进一步提升安全性，装备更大排水量和更强破冰能力的“领袖”级核动力破冰船。

核动力破冰船反应堆还成为发展浮动核电站、陆上小型堆的原型。基于第三代破冰船核动力的浮动核电站 KLT－40S 反应堆已经建成即将投入运行。基于第四代破冰船核动力的浮动核电站反应堆、陆上小型反应堆也在开发当中。

（中国核科技信息与经济研究院

审查专家：黄国俊、李景、诸旭辉、赵永刚）

七、英国实现放射性同位素“镅”发电技术性突破

2019年5月3日，英国国家核实验室的科学家与莱斯特大学合作，成功地从民用分离钚中提取镅，利用其热量产生了足够的电流，并成功点亮了小灯泡（见图2）。该突破成功验证了镅在同位素电源系统中的应用潜能，为欧洲空间探测任务提供了一种潜在的、长期的和可持续的动力方案。

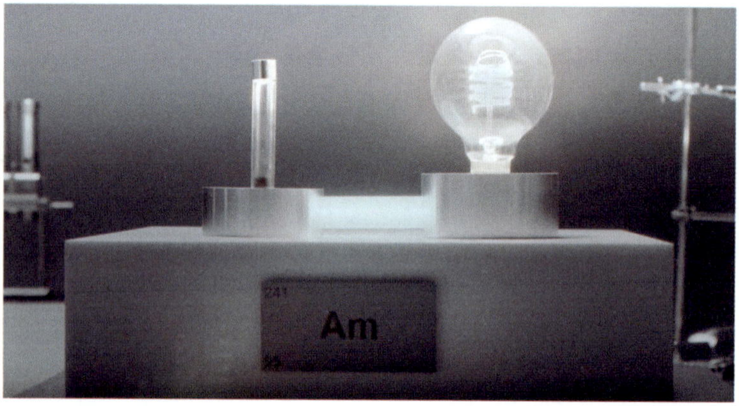

图2 英国国家核实验室成功利用镅-241点亮小灯泡

对于长期、远距空间探测任务而言，由于太阳光无法照射到探测区，利用同位素热源发电依然是唯一一种可行的动力方案。目前，同位素电源系统使用的同位素是钚-238。然而，所有的钚-238生产技术工艺都由美国和俄罗斯拥有，这意味着欧洲航天局无法发展和控制自己的太空任务，寻求替代方案将使欧洲航天局获得独立探索太空的机会，并降低太空探索的成本。

2009年，欧洲航天局发出了一项关于“开发可用于新一代空间探测技术”

的倡议，英国国家核实验室积极响应，决定探索和开发可用于空间探测的电源。

英国国家核实验室开展了初步的研究并发现：当乏燃料中的钚衰变时，它会形成另外一种放射性同位素，即镅-241。镅-241 也是一种能够产生热量的放射性同位素，它的特性与同位素电源系统中使用的钚-238 类似。不仅如此，镅-241 的半衰期为 430 年，而钚-238 的半衰期则只有 90 年，这使得镅-241 更适合长期的空间探测任务。此外，仅在英国就有超过 100 吨的民用分离钚，因此，镅-241 可满足深空探测和星体表面探测的需求。这项研究成果给欧洲航天局带来了非常大的信心，希望在 2020—2030 年间发射月球探测任务，有望在未来 10 年内实现欧洲登月计划。

在英国航天局和欧洲航天局项目的支持下，英国商业、能源与工业战略部为该项目提供资金供应。欧洲热工力学有限公司为其设计了热电发生器，英国核退役管理局为其提供了民用分离钚。空间电池项目历时两年，耗资 100 万英镑，目的是确定从民用分离钚中提取镅的技术可行性和成本。该项目主要分为两个阶段：第一阶段是开发出从民用分离钚中提取镅的化学工艺流程，完成满足欧洲航天局所需规模生产同位素的工厂的概念设计，并确定其成本。第二阶段是利用国家核实验室的先进设施对化学工艺流程进行验证。

（中国原子能科学研究院

审查专家：黄国俊、李景、诸旭辉、赵永刚）

核电与核燃料篇

一、全球核电市场格局与竞争态势分析

发展中国家成核电增长主力军，国际核电市场增长可期。俄罗斯国家原子能公司（以下称简俄原公司）占据绝对优势地位，美国政府多举措助力本国核电供应商重获竞争优势。国内核电发展是海外市场竞标的重要砝码，应集中优势，统一对外，实施核电全产业链“走出去”战略。

核电已成为仅次于水电的全球第二大低碳电力来源。目前，世界上已有 30 个国家使用核电，28 个国家正在考虑、规划或积极致力于将核电纳入其能源结构。核电在保障能源安全、缓解气候变化压力、改善环境等方面的优势，是许多国家打算引入核电或扩大现有核电计划的关键原因。

1. 全球核电市场格局

据国际原子能机构（IAEA）统计，截至 2019 年 9 月 15 日，全球共有 450 座核电反应堆在役，装机容量接近 4 亿千瓦；核电发电量占全球总发电量的 10.5%，占全球低碳电力总量的 1/3。

(1) 发达国家的核电占比远高于发展中国家

30 个核电国家中，核电占比超过世界平均水平的有 20 个国家，其中 16 个是发达国家（见表 2）。发达国家的核电装机总容量接近 3 亿千瓦，占全球核电装机总容量的 3/4。

世界核电市场上主要核电供应国的核电占比依次为：法国 71.7%，韩国 23.7%，美国 19.3%，俄罗斯 18%。

表2 2018年世界各国核电占比情况

核电占比	国家
10%以下	中国、巴基斯坦、日本、墨西哥、阿根廷、南非、印度、荷兰、巴西、伊朗
10%～20%	美国、俄罗斯、英国、罗马尼亚、加拿大、德国
20%～30%	亚美尼亚、韩国、西班牙
30%～40%	比利时、瑞士、斯洛文尼亚、保加利亚、捷克共和国、芬兰
40%～50%	瑞典
50%以上	法国、斯洛伐克、匈牙利、乌克兰

(2) 发展中国家成核电增长主力军

在德国、法国等传统核电国家限核、弃核的背景下，未来世界核电增长将主要依靠中国等发展中国家。

截至2019年9月15日，世界范围内共有52台核电机组在建，总装机容量为5 266万千瓦，其中发展中国家39台机组，总装机容量为3 495万千瓦，占66%（见表3)。世界范围内计划建造的111台核电机组中，发展中国家有98台，其中中国43台、俄罗斯24台、印度14台 。在可预见的未来，世界核电市场中90%的新增核电机组都将出现在发展中国家①。

(3) 国际核电市场预期

在世界范围内计划建造的111台机组中，分布在没有核电建设能力的国家中的有40台（其中印度14台)。在沙特阿拉伯、哈萨克斯坦、约旦、立陶宛、波兰、泰国等潜在的新兴核电国家中，已有23台机组列入规划。国际核电市场增长可期。

① 世界核协会（WNA）2019年8月数据。

表 3 世界范围内在建核电机组信息[①]

国家	在建机组数量	在建装机容量（兆瓦）
中国	9	8 322
印度	7	4 824
俄罗斯	6	4 589
阿联酋	4	5 380
韩国	4	5 360
日本	2	2 653
美国	2	2 234
白俄罗斯	2	2 220
孟加拉国	2	2 160
乌克兰	2	2 070
巴基斯坦	2	2 028
斯洛伐克	2	880
法国	1	1 630
英国	1	1 630
芬兰	1	1 600
巴西	1	1 340
土耳其	1	1 114
阿根廷	1	25
总计	50	52 659

印度作为仅次于中国的第二大发展中国家，其能源市场有巨大的增长空间，将成为世界核电市场格局中不可忽视的一部分。然而，印度的核电市场受到政治等诸多因素的影响。2018 年 10 月，俄罗斯与印度签订了 6 台核电机组订单，2019 年 3 月，美国也与印度达成了核电项目合作意向。

① IAEA 2019 年 9 月数据。

2. 全球核电市场竞争态势

福岛核事故后，具有更高安全性能的第三代核电技术成为各国新建核电项目的首选。目前，世界在建核电机组中，采用三代核电技术的项目占六成以上。世界范围内掌握第三代核电技术，具备成套核电厂输出能力的国家仅有中国、俄罗斯、美国、日本、法国和韩国，这 6 个国家核电产品详见表 4。

表 4 当前世界主要的三代核电机型

国家	公司	产品	类型	项目经验
中国	中核集团	华龙一号	压水堆	中国/巴基斯坦在建
	国家电投	CAP1400	压水堆	无
俄罗斯	俄原公司	VVER1200	压水堆	俄罗斯投运，俄罗斯/印度/孟加拉国/白俄罗斯/斯洛伐克/土耳其/芬兰/埃及等多国在建
美国	西屋公司	AP1000	压水堆	中国投运，中国/美国在建
	通用电气/日本东芝公司	ABWR	沸水堆	日本投运，日本/中国台湾在建
日本	三菱公司	APWR	压水堆	无
法国	阿海珐（法马通）公司	EPR	压水堆	中国投运，法国/芬兰/英国在建
韩国	韩国电力工程公司	APR1400	压水堆	韩国投运，韩国/阿联酋在建

（1）俄原公司占据国际市场绝对优势地位

在过去的 10 年间，俄原公司凭借 VVER 堆型建设成本低（造价约为 5 000 美元/千瓦）、融资条件好（长期贷款利率 4%左右）、完整的核燃料循环产业链等优势，通过在中国、印度建成多台机组的示范效应，在国际核电市场上一枝独秀。2018 年，俄原公司在 12 个国家拥有 36 个在建核电机组，占全球在建机组的 60%。

俄原公司在世界核电市场推行全产业链的核电供应和人员培训服务，并向客户提供安全、安保、防扩散、出口管制相关的核基础设施支持。2017 年，俄原公司的国际收入达到 61 亿美元，其中 25 亿美元来自核电厂建设，新增海外订单金额达到 1 330 亿美元。

(2) 法国丧失传统竞争优势

法国阿海珐公司设计了欧洲第三代压水堆技术（EPR 反应堆），芬兰和法国 2 个采用 EPR 设计的核电项目由于设计、材料、工程管理和预算超支等多个问题屡遭延期，目前 2 个项目已分别开工建设了 14 年和 12 年，但投运日期依然未定。曾经辉煌一时的国际核电巨头阿海珐公司在 2016 年因财务危机进行重组，重组后仍未获得新的核电订单。

法国丧失竞争优势的根本原因是核电建设中断导致的核工业技术人员断代且大量流失。法国 2007 年开工建设的本国 EPR 项目与本土上一个核电项目相隔 16 年之久。长期没有新项目开工造成的设计能力与技术不足、工程管理经验匮乏、成本控制不善以及关键设备供应无法保障等因素，使三代核电项目在欧洲屡屡受挫，法国供应商的国际竞争力也直线下滑。

(3) 美国试图走出低谷重获竞争优势

美国自 1979 年三哩岛核事故后，30 多年没有新核电项目开工。2012 年，美国核管理委员会（NRC）批准建设 4 台采用西屋公司 AP1000 设计的机组，但其中的 2 台由于预算超支和建设拖期，于 2017 年停建，目前仅剩 2 台机组在建。2017 年，西屋公司破产，被加拿大布鲁克菲尔德（Brookfield）资产管理公司收购。近几年，美国企业已逐渐丧失制造第三代核反应堆压力容器等关键部件的能力。

为提高美国核电供应商在世界核电市场的竞争力，特朗普政府上台后采取了振兴本国核电产业的系列措施。2019 年 1 月，美国出台的《核能创新和现代化法案》提出，要保持美国在能源领域的技术优势，降低先进反应堆，特别是小型模块化反应堆的开发和商业化的成本，为美国下一代先进反应堆的开发和商业化提供了良好的政策环境。3 月，美国国务院宣布了支持本国核电发展的最新计划，以确保该产业的国际竞争力。美国的系列举措在与印度的合作中已初显成效。2019 年 3 月中旬，美印双方就美国企业在印度建造 6 台 AP1000 核电机组达成合作意向。

(4) 日本基本失去国际竞争力

福岛核事故后，国际社会对日本的核电技术与能力产生怀疑，日本核电供应商的市场信誉严重受损。日本核电企业在英国和土耳其的核电项目竞争中也接连受挫。近几年，日本接连有企业退出压力容器等零部件的生产工作。

虽然日本原子能委员会2017年发布的《核能白皮书》建议到2030年将日本的核电占比恢复到20%，2018年5月公布的《国家能源规划草案》也继续肯定了这一目标，但短期内日本核电企业难以在国际核电市场上再次崛起。

（5）韩国具备相当的国际竞争力

在30多年的发展中，韩国的核电建设从未间断，积累了丰富的核电项目管理和建设经验。韩国设计的APR1400机型具有先进的设计概念和安全特性，而且具有造价低、工期短的优势。

韩国组建了以韩国电力公司（KEPCO）为统帅的分工明确、指挥有序、运转协调的核电出口团队。在开拓国际市场的进程中，韩国政府为核电出口企业提供了政策、外交、财政等多方面的大力支持。2009年年底，韩国在阿联酋核电项目招标中获胜，赢得4台140万千瓦核电机组订单，该核电项目预计于2020年投运。对外整体、对内分工的韩国核电供应商在世界核电市场上已具备了相当的国际竞争力。

3. 建议

（1）国内核电发展是海外市场竞标的重要砝码

核电供应国自身的先进核电机组数量和核电占比将是海外核电市场竞标的重要因素。当前，我国核电占比仅为2.4%，距离10.5%的世界平均水平还有巨大的发展空间。待“华龙一号”首堆顺利投运后，我国具备自主知识产权的三代核电技术将得到全面示范。积极推动国内核电产业发展，保持核技术竞争优势，既是国家能源安全和大国竞争战略的需要，也是我国抢占国际市场的重要砝码。

（2）集中优势，统一对外

“华龙一号”核电机组已经成功向巴基斯坦出口。当前，应积极推动巴基斯坦核电项目，做好海外示范工程，树立良好核电出口国形象。同时，要充分学习韩国核电出口经验，在海外市场开拓中，由一家企业负责谈判、签订合同并主导整个项目，其他企业分工实施，协同作战，以发挥整体性优势，避免无序竞争。

（3）学习俄原公司经验，提供全方位技术服务

俄原公司的核电“一条龙”服务为其海外核电项目的拓展带来了巨大优势。尤其对于新兴核电国家来说，“一条龙”式的服务模式非常有吸引力。中核集团具备包括核电站设计建造、运行保障、维护检修、燃料供应、技术培训等全产业链服务能力，应充分发挥集成优势，以核电为龙头，实施核电全产业链的“走出去”战略。

（中国核科技信息与经济研究院
审查专家：黄国俊、李景、诸旭辉、赵永刚）

二、美国推动核能创新发展

2019年1月14日，美国总统特朗普签署了S512号《核能创新和现代化法案》，标志着该法案最终获得通过。《核能创新和现代化法案》包括2个主题，第一个主题为“先进核反应堆和美国核管理委员会（NRC）经费”，包括9章，主要涉及改革NRC的预算和经费结构、改进许可程序和监管框架、改进核事故疏散措施、鼓励民间投资研究和试验堆、报告耐事故燃料许可进程、总结有关设立和运作社区顾问委员会的最佳举措等方面的内容；第二个主题为“铀矿冶”，包括2章，主要涉及缩短处理铀矿冶许可相关事务所需的时间，探索是否可为相关的常规许可事务收取固定费用。

1. 先进核反应堆和NRC经费

（1）改革NRC的预算和经费结构

NRC的经费由国拨部分和自筹部分组成。2020财年前按照《1990年综合预算调节法》第6101章的规定执行，但同开发先进核反应堆技术监管程序有关的经费改为由政府提供，不再以向许可证持有者收取年费的形式自筹。2021财年及之后财年的国拨经费主要包括根据《1982核废物政策法案》设立的“核废物基金”、用于执行《2005财年罗纳德里根国防授权法案》第3116章的经费、用于执行国土安全事务的经费、用于开发先进核反应堆技术监管程序的经费、用于为国防核设施安全委员会提供督察服务的经费、用于大学在相关领域开展研发的经费、用于重要核科学与工程补助计划的经费。其中后三项为新增的国拨经费，用于开发先进核反应堆技术监管程序的经费将由联邦政府拨付至2031年。

2021财年及之后财年的自筹经费主要是NRC因为对涉核许可证持有者进行监管而收取的年费以及对外提供服务或商品而收取的费用。NRC收取自企业的费用占当年预算的比例应尽可能在2021财年和2022财年不超过30%、2023财年和2024财年不超过29%、2025财年及之后财年不超过28%。

（2）改进许可程序和监管框架

为了提升NRC先进反应堆许可程序的速度、效率和可预测性，法案要求NRC对现行的监管框架和许可程序进行改进。

筹备商用先进核反应堆许可程序。在法案颁布后的180天内，NRC应向相关国会委员会提交一份报告，汇报商用先进核反应堆许可程序的筹备情况，并准备在本法颁布后的两年内实施。报告应评估：商用先进核反应堆的特点、先进核反应堆燃料的鉴定策略、同商用先进核反应堆技术许可相关的法律监管和政策问题、符合现有监管框架要求的商用先进核反应堆许可方式、提升商用先进核反应堆许可程序可预测性的方式等。

增加使用风险指引的和基于性能的评估技术和监管导则。在本法案颁布后的180天内，NRC应向相关国会委员会提交一份报告，就在现行监管框架内在许可商用先进核反应堆时酌情增加使用风险指引的和基于性能的评估技术和监管导则进行说明。

筹备研究堆和试验堆许可程序。在法案颁布后的1年内，NRC应向相关国会委员会提交一份报告，说明在现有监管框架内准备研究堆和试验堆许可程序的情况。

建立融入技术的监管框架并提升NRC的先进核反应堆专业技术知识。NRC应在2027年12月31日前建立融入技术的监管框架，并确保拥有足够的专业知识、建模和仿真能力或获取这些资源的渠道，来支持商用先进反应堆许可证申请评估。

国会批准在2020—2024财年每年为NRC拨款1 442万美元用于落实相关事务。

（3）改进核事故疏散措施

在法案颁布后的180天内，经与联邦核事件应急协调委员会、相关各州的紧急计划官员、应急疏散技术专家协商后，NRC应向相关国会委员会提交一份报告，说明NRC在吸取了“9·11”事件、“桑迪”超级风暴、福岛核事故等需要进行人口疏散的灾害所带来的教训，并综合了反应堆事故后果最新分析、小型模块化反应堆和先进核反应堆应急计划区检查结果、相关国际组织的评估结论后，已经采取或计划采取的改进核事故疏散的措施。

（4）放宽研究堆和试验堆定义，鼓励民间投资

为鼓励民间投资研究堆和试验堆，法案放宽了对研究堆的限制，允许研究堆和试验堆对外提供除研发、教育、培训之外的其他能源销售和非能源服务，只要这类收入占设施年度运维费用的比例不超过75%且销售能源的收入占比不超过50%即可。

（5）报告耐事故燃料许可进程

在本法颁布后的1年内，NRC应向国会提交一份报告，说明NRC对耐事故燃料的许可进程。

（6）总结有关设立和运作社区顾问委员会的最佳举措

在本法颁布后的18个月内，经与相关各方协商后，NRC应向国会提交并向公众公布一份报告，梳理过往设立和运作社区顾问委员会的经验，总结一些最佳举措，促进实施或计划实施核设施退役活动的单位与可能受退役活动影响的社区居民间的沟通和信息交流。

2. 铀矿冶

法案要求，在该法案颁布后的90天内，NRC应向相关的国会委员会提交一份报告，对颁发和修订审核铀矿冶许可证所用的时间进行说明，并提出提升效率和透明度的建议；在该法案颁布后的1年内，NRC应研究确定是否可对铀矿冶相关的日常许可事务收取固定费用。

3. 影响与意义

该法案要求NRC建立适应先进核反应堆特点的许可证审批程序和监管框架，提升NRC的专业知识和技能，可使NRC有能力以安全、及时和透明的方式审批

先进反应堆；改革NRC未来的预算和经费结构，建立一个更加公平和透明的融资结构，可降低先进核反应堆核技术开发和商业化过程的成本，将使所有运营的核反应堆和未来的许可证持有人受益；放宽研究堆和试验堆的应用限制，鼓励民间投资，充分调动市场活力，为美国下一代先进核反应堆的开发和商业化提供了很好的政策环境，有助于加快先进核反应堆技术的发展。

（中国核科技信息与经济研究院

审查专家：黄国俊、李景、诸旭辉、赵永刚）

三、美国着手本土高丰度低浓铀生产技术工程化

低浓铀是指铀-235丰度小于20%的浓缩铀，其中又把铀-235丰度在5%～20%的浓缩铀称为高丰度低浓铀（HALEU）。2019年1月，美国能源部宣布将与美国森图斯能源公司（Centrus）签署合同，旨在开展高丰度低浓铀生产示范项目，验证美国自主可控的离心铀浓缩技术生产高丰度低浓铀的可行性。这意味着美国在重建本土铀浓缩能力方面迈出实质性一步。

1. 美国目前不具备自主生产浓缩铀的能力

20世纪50年代，美国能源部在田纳西州橡树岭、俄亥俄州朴茨茅斯、肯塔基州帕杜卡建设了3座气体扩散厂，为国防计划生产浓缩铀，并在20世纪60年代开始向商业核电厂出售低浓铀。其中，橡树岭扩散厂和朴茨茅斯扩散厂先后于20世纪80年代和2001年停运。2013年5月，最后一座帕杜卡气体扩散厂停运后，美国丧失了国内铀浓缩能力。

同时，美国能源部于20世纪70—80年代曾投入25亿美元，开发离心铀浓缩技术。1992年，美国铀浓缩公司（USEC）成立，并于1998年实现“私有化”。长期以来，美国铀浓缩公司作为美国唯一一家从事铀浓缩业务的本土公司，通过租赁能源部的气体扩散厂等设施，开展铀浓缩业务。2002年，能源部和美国铀浓缩公司签订协议，授权该公司使用它的离心铀浓缩技术。此后，该公司又投入了25亿美元，对技术进一步研发，并对新开发的AC－100离心机进行了验证。在此基础上，申请采用AC－100离心机技术建造运行一座商业离心铀浓缩厂，即“美国离心厂”。2007年，NRC发放了建造运营许可证，美国铀浓缩公司随后启动了建设工作。但在2009年，由于能源部否决了美国铀浓缩公司提出的

20亿美元贷款担保申请，该公司随后中止了大多数建设活动。

从2011年开始，由于离心铀浓缩技术相关项目研发投入过高等原因，美国铀浓缩公司陷入严重亏损。2014年3月5日，美国铀浓缩公司正式申请破产重组。2014年9月30日，美国铀浓缩公司完成破产重组程序，重组为“森图斯能源公司”。重组后的公司作为美国本土唯一一家铀浓缩服务商，继续开展离心技术研发。

2. 多种先进反应堆拟采用高丰度低浓铀燃料

美国核能研究所（NEI）2019年4月公布的一份报告指出，许多先进反应堆设计都需要使用高丰度低浓铀燃料，如：纽斯凯尔公司（NuScale）正在开发的新一代10～50兆瓦小型模块化反应堆和1～10兆瓦的小型热管反应堆，欧洲铀浓缩公司（Urenco）于2008年提出的小型模块化反应堆U-Battery，X-能源公司的一种小型可移动高温气冷堆X-Battery，以及西屋公司开发的可移动且可调节功率的小型反应堆eVinci等。能源部正在开发的先进反应堆也需要高丰度低浓铀，预计，到2030年，能源部总计需要约600吨才能满足研发需求。此外，美国防部战略能力办公室（SCO）2019年1月拟启动名为“双锂”的军用小型可移动堆的研发计划，也准备采用高丰度低浓铀燃料。

高丰度低浓铀燃料具备许多可以提高反应堆性能的优点：一是由于铀-235丰度更高，燃料组件和堆芯体积可以做得更小，从而获得更大的单位体积功率，可用于小型模块化反应堆等小体积堆型；二是反应堆不需要经常换料，延长了反应堆实际运行时间，便于降本增效；三是燃料燃耗更高，可减少燃料需求量。

3. 美国验证自主可控的高丰度低浓铀生产技术

美国能源部认为，利用自主可控的铀浓缩技术生产高丰度低浓铀具有重大的战略意义，可以增强美国能源安全，支持先进反应堆开发部署，对巩固美国在全球先进反应堆设计和高丰度低浓铀市场的领导地位、促进核心战略利益具有至关重要的作用。

美国能源部于2019年1月宣布的高丰度低浓铀生产示范项目（也称“民用核浓缩”项目），目前被列入其核能技术领域中的“燃料循环研发”项目。“民用核浓缩”项目于2019财年启动，为期3年：2019财年，制造和调试离心机；2020财年，完成相关采购工作，安装并循环测试16台离心机；2021财年，实现高丰度低浓铀生产示范。能源部最多投资1.15亿美元，其中2019财年已投入3 200万美元，2020财年拟投入4 000万美元。

“民用核浓缩”项目有两个重大节点：一是在2020年10月之前，在“美国离心厂”原址上安装一套由16台AC—100M组成的先导级联，用于生产铀-235丰度为19.75%的高丰度低浓铀；二是从2020年年底开始，为能源部生产高丰度低浓铀。

AC—100M级联离心机由森图斯能源公司在AC—100离心机基础上改进而来，能源部表示，该技术已成熟，是目前唯一可用于高丰度低浓铀生产的自主可控的铀浓缩技术，具备商业应用潜力。

4. 小结

美国目前尚不具备利用自主可控技术生产高丰度低浓铀的能力。美国能源部实施的“民用核浓缩”项目，旨在推动本土离心铀浓缩技术工程化，促进采用高丰度低浓铀燃料的先进反应堆的研发和验证，确保能源安全，提升美国在先进反应堆设计和高丰度低浓铀市场的领导地位。

铀浓缩技术是典型的军民两用技术，能源部将“民用核浓缩”项目作为其军用铀浓缩项目的补充，一旦成功，可促进军用氚生产所需的低浓铀生产能力的开发部署，同时也符合防扩散和核安保的要求。因此，美国积极推进本土高丰度低浓铀生产技术工程化的措施值得我们关注。

（中国核科技信息与经济研究院

审查专家：黄国俊、李景、诸旭辉、赵永刚）

四、美国宣布启动多功能试验堆项目

美国能源部（DOE）部长里克·佩里于2019年2月28日宣布启动多功能试验堆（VTR）项目。该项目是美国《核能创新能力法》中指定的基础项目之一，由DOE爱达荷国家实验室（INL）领导，阿贡国家实验室（ANL）负责堆芯设计和安全分析，大学以及工业界共同合作参与。项目总成本约为30亿～60亿美元，计划于2026—2030年完成。VTR项目的目标是在300兆瓦的热功率水平下产生约（4～5）$\times 10^{15}$中子/（平方厘米·秒）的能量高于0.1兆电子伏的中子通量，任务是提供前沿能力以加速先进燃料和材料的试验与鉴定，使美国能够重获并保持先进堆技术领域的领先地位。

1. VTR项目的任务需求

2018年12月，DOE批准了“VTR项目的任务需要声明”，确定了快中子能谱试验能力的现状与需求之间存在的差距，即目前还无法在高中子通量的原型快中子能谱辐照环境下对先进核燃料和材料进行有效测试。在原型中子环境下测试燃料行为是现有和未来美国核电站中新核系统获得许可的重要步骤。

VTR项目的任务是提供前沿能力以加速先进燃料和材料的试验与鉴定，使美国能够重获并保持先进堆技术领域的领先地位。对于工业界来说，VTR还可用于开展反应堆（包括钠冷堆、铅铋或铅冷堆、气冷堆和熔盐堆）的燃料、材料、仪表与传感器试验，以及加速反应堆材料试验。对于国家安全领域或科学界来说，VTR可用于更新快堆技术知识、开展长期燃料循环研究以及潜在的科学研究。

2. VTR的参数要求及堆芯设计

VTR设计的假设条件包括：成熟的池式钠冷快堆技术；金属合金燃料，包括高纯度低浓铀燃料（HALEU）、低浓铀加钚燃料以及贫铀—钚燃料；创新的试验能力。表5是VTR的参数要求。

表5 VTR的参数要求

参数	目标
高中子通量密度	$\geqslant 4\times10^{15}$ 中子/（平方厘米·秒）
高通量	≥30 dpa/年
高堆芯试验体积	≥7升（多处合计）
典型的试验高度（L）	0.6米$\leqslant L \leqslant$1米
灵活的试验环境	跑兔装置和回路（钠、铅、铅铋、氦气和盐回路）
先进的仪表与传感器	原位、实时监测数据
试验寿期	接近其他基础设施
驱动燃料的寿期管理	尽可能多的现有设施

VTR的堆芯由313个堆芯组件组成，包括：多达66个驱动燃料组件，可产生中子通量；6个碳化硼控制棒组件，可吸收中子；3个碳化硼安全棒组件，可吸收中子；多达10个堆芯试验位置，可用于燃料样品或反应堆堆芯材料的独立仪器测试。由于VTR是辐照试验堆，因此堆芯的组成和布置会发生变化，以满足不断变化的测试要求。图3是堆芯布置截面图。如图3所示，最外一圈是屏蔽层（6），紧挨着的是反射层（5），10个试验位置（4），3根安全棒（3），6根控制棒（2），剩余66根均为驱动燃料（1）。

3. VTR的时间表和成本

图4是VTR项目的时间表。该项目前期启动工作于2017年完成，项目任务需求于2018年12月获批，2019年2月项目正式启动，计划于2026—2030年完成。项目总成本约30～60亿美元，2020财年计划投入1.2亿美元用于项目的CD-0至CD-1阶段。

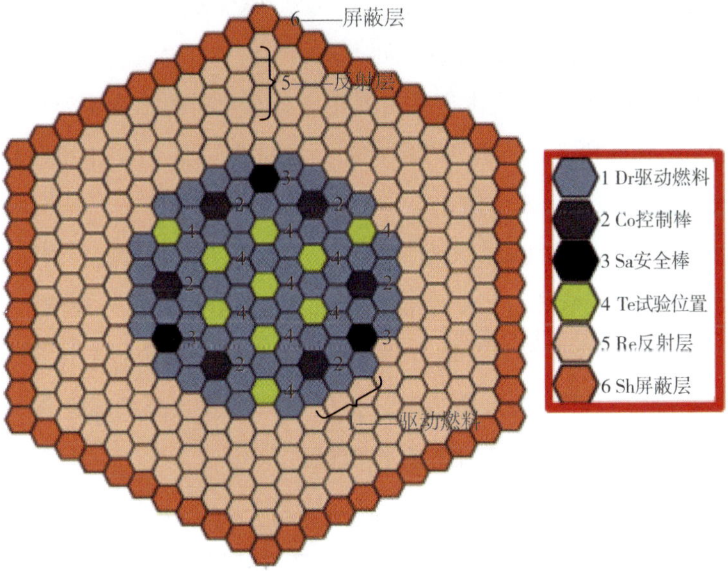

图 3　VTR 的堆芯布置截面图

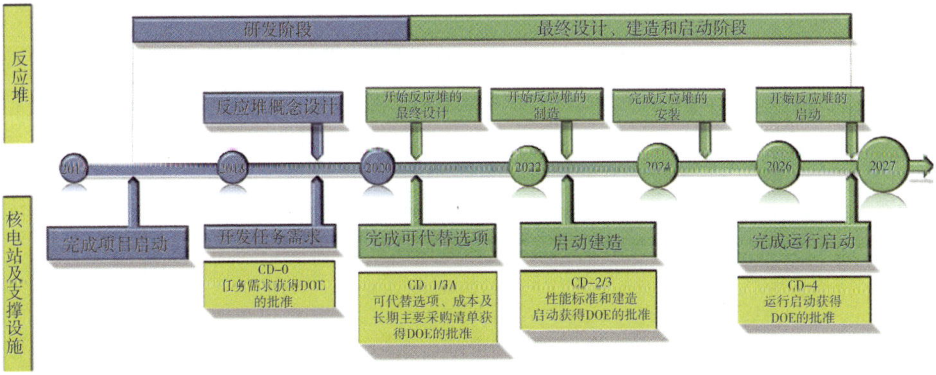

图 4　VTR 计划的时间表

4. VTR 的合作单位及任务

VTR 计划是由 DOE 国家实验室、大学以及工业界共同合作参与实施的，实施内容分为以下三个主要部分：

（1）反应堆整体、堆芯、燃料、安全分析、安全基准、概率风险评估（PRA）以及支撑设施由DOE实验室负责；

（2）反应堆概念设计和成本评估由通用－日立公司和柏克德公司负责，包括采用PRISM反应堆技术来支持VTR计划、完成先进概念设计和初始设计、提交高可靠度的成本和时间表评估；

（3）实验概念开发由DOE实验室、工业界以及大学负责。

目前已有12所大学签订了9个合作区域的分包合同，另外还有5～7个分包合同待签。工业界将主要参与快堆（钠冷、铅冷和气冷）实验工具和熔盐堆燃料的开发，其第一年的目标是为堆芯设计提供所需实验工具的概念设计。表6是VTR实验开发的主要大学和工业界合作伙伴。

表6 VTR实验开发的主要大学和工业界合作伙伴

合作领域	主导实验室	合作大学	工业界合作者
钠冷快堆	ANL	威斯康星大学麦迪逊分校	法马通公司
铅铋或铅冷快堆	LANL	新墨西哥大学	西屋公司
熔盐堆	ORNL	犹他大学、爱达荷大学	特拉电源公司
气冷快堆	INL	德克萨斯A&M大学	通用原子能公司
可视化设计与建造	INL	北卡罗来纳州立大学	通用－日立公司
结构材料测试	LANL	俄勒冈州立大学	美国电力研究院
数据分析结合模拟与仿真	INL	阿比林基督教大学、科罗拉多州矿业学院、乔治亚理工学院、麻省理工学院	HDF Group组织
跑兔系统	PNNL	德克萨斯A&M大学	
战略举措	INL	匹兹堡大学	

注：ANL—阿贡国家实验室；LANL—洛斯·阿拉莫斯国家实验室；ORNL—橡树岭国家实验室；INL—爱达荷国家实验室；PNNL—太平洋西北国家实验室。

（中国原子能科学研究院

审查专家：黄国俊、李景、诸旭辉、赵永刚）

五、美国将反应堆燃料和材料高性能模拟计算纳入国家战略部署层面

近年来，美国总统特朗普连续签署《2017年核能创新能力法》（2018年9月28日签署）和《核能创新和现代化法案》（2019年1月14日签署）两份法案，前者要求能源部执行一项专门计划，加快推进高性能模拟计算技术的发展，以快速提升新型先进反应堆的研发能力；后者要求制定以高性能模拟计算和实验为基础的先进反应堆燃料验证战略。这标志着美国正大力加强先进反应堆高性能模拟计算技术，特别是法案中提出的“超级计算”和“高精细先进建模”表明美国利用其先进的大型计算手段，谋求加快开发先进反应堆燃料和材料，引领军民核动力技术的创新发展，继续抢占反应堆工程技术新的制高点。

反应堆燃料和材料是核工业的基础和根本。随着计算技术、大数据和人工智能技术等的发展，反应堆燃料和材料高性能模拟计算在核工业研发与创新中扮演着越来越重要的角色。

燃料和材料高性能模拟计算，其核心技术是多物理多尺度耦合先进建模技术和超级计算技术，其核心支撑是大型先进超级计算机和部署其上的系列先进模拟软件集成系统/平台，其核心基础是长期基础研究知识与数据积累，其核心作用是燃料和材料“微观一介观一宏观”机理认知和性能快速预测。

美国一直以来都致力于全面利用高性能计算能力降低成本、节能降耗、促进技术创新。美国能源部设立了一系列研究项目，用于推动高性能计算在反应堆燃料及材料研发中的应用（表7为美国近10年支持的相关项目）。

表7 美国近年燃料和材料高性能模拟重要项目

序号	项目/名称	周期	经费	主要目标	状态
1	Nuclear Energy Advanced Modeling and Simulation (NEAMS) 核能先进建模与仿真	2010—2020年	2.5亿美元	核心之一是开发燃料由原子及介观尺度模拟程序Marmot和宏观性能分析程序BISON	在研
2	The Consortium for Advanced Simulation of Light Water Reactors (CASL) 轻水堆先进模拟	2010—2019年	2.47亿美元	开发针对压水堆、沸水堆和小型堆的数值反应堆，核心之一是燃料和材料高性能模拟	在研
3	High Performance Computing for Energy Innovation (HPC4EI) 利用高性能计算促进能源创新	2019—	2 300万美元	由3个子计划组成："利用高性能计算改进制造技术"计划、"利用高性能计算突破新材料研发"计划、"利用高性能计算促进移动系统发展"计划	在研

近一年之内，美国接连签署核能领域两份总统法案，把燃料和材料高性能模拟计算在反应堆工程技术中的应用置于国家战略层面进行安排部署，以进一步巩固和加强其在核能动力领域的全球领先地位。2018年9月28日特朗普签署《2017年核能创新能力法》(NEIC)，要求能源部执行一项专门计划，加快推进高性能模拟计算技术的发展，以快速提升新型先进反应堆的研发能力。2019年1月14日特朗普签署《核能创新和现代化法案》(NEIMA)，要求制定以高性能模拟计算和实验为基础的先进反应堆燃料验证战略。

2019年7月，美国发布"利用高性能计算促进能源创新(HPC4EI)"计划，旨在进一步提高能源产量，开发新材料特性，并减少制造业领域的能源消耗。该计划由美国能源部下属的劳伦斯·利弗莫尔实验室（LLNL）与其他国家级实验室合作实施，由“利用高性能计算改进制造技术（HPC4Mfg）”“利用高性能计算突破新材料研发（HPC4Mtls）”以及“利用高性能计算促进移动系统发展（HPC4Mobility）”3个子计划共同组成。

HPC4Mtls子计划资助的三个项目，其中包括：

（1）美国劳伦斯·利弗莫尔国家实验室和太平洋西北国家实验室将与PPG工业公司合作，应用经典的分子动力学模拟和密度泛函紧密结合计算，期望减轻不同轻质材料连接产生的腐蚀和热膨胀问题，并增强对胶粘剂中化学反应的理解。

（2）橡树岭国家实验室（ORNL）和AK Steel将合作利用（变化）工艺参数来改变先进高强度钢的转变特性，开发基于微观结构的转变模型，期望能够根据化学成分、应变水平、变形模式、温度和应变率预测奥氏体稳定性。

（3）ORNL和电力研究所将合作开发热回收蒸汽发生器中热工水力、传热和蒸汽侧氧化物生长的详细模型，以更好地了解温度分布，确保有效选择材料，开发新材料或重新利用现有材料并确定新的合金概念和/或需要更换的特定区域。

总之，高性能模拟计算与预测技术用于反应堆燃料和材料的研发，有望大幅度减少甚至部分替代传统的反应堆内辐照考验和堆照后热室检验，从而减少对反应堆和热室的依赖，并使燃料和材料的研发周期大大缩短，并可大幅度地降低研发成本。

（中国原子能科学研究院
审查专家：黄国俊、李景、诸旭辉、赵永刚）

六、国外应用3D打印技术制造核级部件进展

近年来，3D打印技术已在核电领域实现了从理论研究、技术分析向工程实践应用的跨越，国外在3D打印制造核级部件方面取得的成果引人注目。2018年11月，俄罗斯与法国核能公司就核领域的3D打印技术开发达成了合作意愿。其他国家主要核工业机构也在加大力度开展技术研发。

1. 3D打印辅助设备部件已实现应用

在核领域，由于构件的运行工况较复杂，维护不方便，对可靠性要求非常高，而且有的构件还需考虑辐照性能问题，因此引入3D打印将面临更多问题。

与传统制造方法相比，将3D打印技术应用于核级部件制造具备多个优势：可生产高设计自由度的特殊部件；可加快新部件从设计到生产的部署进度，且生产成本低；形成的部件均匀性好，化学成分可控；可广泛用于核部件制造，包括核燃料、辅助部件和重要部件等。但目前该技术尚未建立工业化生产能力，大规模应用将面临3D打印标准体系的建立与完善、生产能力和产品质量提升等方面的挑战。

德国西门子公司于2017年1月在斯洛文尼亚的克尔什科核电站成功安装首个直径为108毫米的3D打印消防泵金属叶轮，目前正在安全持续运行，有望延长核电站的预期寿期。该部件采用逆向工程制造，经测试，材料性能优于原来的部件。该公司计划继续和克尔什科核电站合作研发3D打印技术，重点推进传统技术难以生产部件的设计，如具有改进冷却模式的轻型结构。

2. 采用3D打印研制先进核燃料和堆内构件取得重要进展

（1）美国

西屋公司目前正在研究三种3D打印技术。激光粉末床熔融技术，适用于生产小型复杂的燃料结构部件。该技术生产的产品流动性特性高，结构更轻、更坚固，可使燃料性能得到较大的提高。此外，采用该技术可以较低的价格制造传统制造方法无法生产定制的小体积部件。西屋公司已成功对激光粉末床熔融3D打印的部件进行辐照和辐照后测试，并计划在商用反应堆中使用。粘合剂喷射3D打印技术，适用于生产更小型的复杂部件，不需要制造复杂的铸件模具，可将成本降低50%，生产周期缩短75%。成本低于激光粉末床熔融技术。直接能量沉淀技术，可用来生产适用于现有部件的喷嘴、凸台和法兰等，以及大型或更加复杂的部件。

爱达荷国家实验室（INL）2017年10月开发核燃料3D打印技术，被称为“作为一种替代性制造技术的3D打印”（AMAFT）。AMAFT采用铀基原料，将处理铀矿石的传统水冶法和爱达荷实验室发明的“激光成型”技术结合起来，可制造出更安全、更先进的核燃料。该技术已被用来制造硅化铀颗粒（U_3Si_2）。U_3Si_2比传统的二氧化铀燃料密度更大，导热性能更强，因此耐事故性能更好。与传统技术相比，该技术可精简工艺步骤，节约时间和成本。

通用电气—日立核能公司（GEH）2016年以来采用直接金属激光熔融（DMLM）技术，3D金属打印316L和Inconel 718合金，生产核电站替换部件。生产出的部件样品运往爱达荷国家实验室的先进试验堆进行辐照，辐照后取出，进行测试并和未经辐照的材料进行分析比较。这些工作大部分已经完成。GEH目前正在考虑反应堆内部构件，包括燃料碎片过滤器和喷射泵备件。

（2）英国

《国际核工程》2017年6月公布了英国核先进制造研究中心确定的三种成熟的可潜在应用于核制造业的技术：热等静压工艺（HIP）、采用粉末床或吹制粉末的3D打印技术以及放电等离子体烧结技术。这些工艺可生产具有优质材料性能的近净成型部件，避免了焊接等潜在的缺陷。这些工艺已经在航空航天等领域应用，而且用于生产一些海军堆部件，但尚未得到民用核工业的认可和批准。

3. 集中力量推动研发

俄原公司（Rosatom）近年来尤为重视3D打印技术在核工业的应用。2018年2月，Rosatom公司成立3D打印技术公司RusAT，负责该技术研发，并制定了核工业3D打印技术发展路线图和战略。公司重点关注3D打印的四个重点领域：打印机及其部件的生产制造，材料和金属粉末的生产，系统的软件开发，为工业企业提供3D打印服务。RusAT公司目前正在研究分离金属粉末技术；Rosatom公司还计划建立四个专门研究3D打印技术的工业工程中心，研发3D打印新技术和新材料，培训专业人员，计划到2018年年底具备开展3D打印业务的能力。

此外，英国核先进制造研究中心联合阿海珐公司、法国电力集团、法国原子能委员会和瑞典材料研究组等共同参与PowderWay项目，还制定了一回路管道和用于燃料过滤器捕获碎片的小型复杂构件等六种部件的发展规划；通用电气—日立核能公司在合作开发NSUF计划，评估核电站部件3D打印的材料性能特征。

4. 结语

近年来，全球3D打印市场规模快速增长，随着各国在3D打印领域相关研究的不断深入，直接金属激光熔融技术、激光粉末床熔融和粘合剂喷射3D打印技术、直接能量沉积技术等一批新工艺、新技术不断取得突破。美俄等技术领先的国家一直将3D打印技术作为开发核电站部件的新兴工具。目前，辅助设备部件3D打印已实现应用；核燃料和堆内构件3D打印技术正在研发中，其关键是堆内辐照和辐照后测试。随着3D打印技术的不断进步，3D打印将成为生产核能设施部件更加可行、安全的选择。

（中国核科技信息与经济研究院
审查专家：黄国俊、李景、诸旭辉、赵永刚）

七、俄建成首座浮动核电站和新一代破冰船

俄罗斯“罗蒙诺索夫”号浮动核电站于2019年3月实现反应堆满功率运行，计划2019年年底正式投入运营，将成为世界上首座商用的海上浮动核电站。俄罗斯第3艘新一代核动力破冰船（“乌拉尔”号）于2019年5月下水，服役后将成为世界上最强大的破冰船。上述动向引起国际社会的广泛关注。

1. “罗蒙诺索夫”号浮动核电站和“乌拉尔”号核动力破冰船简况

俄罗斯“罗蒙诺索夫”号是采用小型反应堆技术，并以大型船体为基础建造而成的核电站，被认为是最理想的海洋开发能源保障，拟部署于远东高寒地区的勘察加半岛地区。船体长144米、宽30米、高10米、排水量为21 000吨。配装两座KLT－40S型核反应堆，其原型是技术成熟、经过了破冰船长期实践检验的KLT－40反应堆。每座电功率为35兆瓦，使用丰度为18.6%的二氧化铀燃料，换料周期为3～4年，寿命为40年。该电站可为近20万人供电，也可用于海水淡化，日产24万吨淡水。“罗蒙诺索夫”号始建于2007年，后因经费不足等原因暂停建造，直至2012年重启。2013年完成反应堆安装；2017年进行测试；2019年3月完成为期10个月的反应堆试运行，6月获颁运营许可证，12月投运。

俄罗斯（苏联）历来重视北极的开发，20世纪50年代以来已建造9艘核动力破冰船，现正陆续退役。随着北极的战略地位不断上升，2012年俄罗斯启动了新一代（22220型）核动力破冰船的研制工作，继“北极”号和“西伯利亚”号下水后，2019年5月“乌拉尔”号核动力破冰船正式下水，预计2022年服役。该船长173米、宽34米、排水量3.35万吨，与轻型航母相差无几，可破除3米厚冰层。作为世界上最大、动力最强的破冰船，配装两座单堆功率为175兆瓦的RITM－200紧凑型反应堆，设计寿命为40年。俄罗斯计划建造5艘22220型核

动力破冰船。

2. 多国竞相研发浮动核电站和重型破冰船

美国军方20世纪60年代曾将“斯特吉斯”号驳船改造成核电站，该船装配了电功率10兆瓦的MH－1A反应堆，于1968—1975年为巴拿马运河地区提供电力。美国西屋电气公司1970年提出了新的浮动核电站建设方案，并进行了一系列试验，但由于国家能源政策的变化，停止了相关工作。进入21世纪，随着国际上小型模块化、可移动的反应堆研发和核能供热、供电等多元化应用，海上浮动核电站再获重视。海洋资源的开发与权益维护也成为浮动核电站发展的潜在动力。目前，美国、法国、韩国等国家提出了多种浮动（或水下）核电站的设计方案，例如，美国“石油天然气海上平台”、法国“海底胶囊”等，这些方案均处于设计或验证阶段。

近年来，美俄围绕争夺北极领导权展开竞争。2019年5月，美国军方签订了新的重型破冰船建造合同，该船采用柴电驱动。许多美国专家承认，由于缺少核动力大型破冰船等原因，美国在北极竞争中已落后俄罗斯。

3. 启示

海洋核动力平台是小型核反应堆与船舶等有机结合的海上多功能系统，包括浮动核电站、核动力破冰船、核动力浮式补给基地等，可自主航行或牵引航行。

海洋核动力平台的优势，一是作为核电站，具有强大的能源保障能力，可提供高达百兆瓦的电力和日产万吨级的淡水；作为核动力具有极高的功率密度和强大的推进功率。二是可长期、持续运行，作为核电站，一次装料可持续运营数年；作为核动力，其续航能力极强。三是可快速机动、灵活响应，适用于紧急情况下的快速调动。四是不产生二氧化碳等废气，利于保护海洋环境和资源。综上，海洋核动力平台可为海洋资源开发、边远岛屿与基地提供安全可靠的能源保障；为北极开发、长期海洋科考、海上大范围探测救援、远距离运输提供强力支持。特别是海洋核动力平台还有极其重要的国防用途，可实现军民共享、平战结合，必要时可为我远海军事力量与装备部署、海外基地建设、远海岛礁军需补给提供有效手段。

（中国核科技信息与经济研究院

审查专家：黄国俊、李景、诸旭辉、赵永刚）

八、欧洲能源研究联盟（EERA）发布核能材料战略研究议程

欧洲能源研究联盟（EERA）于2019年3月22日发布了《可持续核能材料战略研究议程》，该议程确定了欧盟开展核材料研究的路线，以确保为欧盟第四代核反应堆的设计、许可、建设和长期安全稳定运行提供合适的燃料和结构材料，促进第四代核反应堆的商业部署。EERA是欧洲开展低碳能源研究的科研机构和高校组成的最大非营利性国际协会，是欧盟战略能源研究计划（SET-Plan）的研究支柱，目前共开展了17个低碳能源技术领域的联合计划，确定了各领域的优先事项。

核能是欧洲最大的低碳电力来源，其年发电量超过850太瓦·小时。全球核能产量将进一步增加，到2050年，核能发电占比将从2015的11%增加至15%左右。目前，钠冷快堆、液态重金属冷却系统（加速器驱动核能系统与铅冷快堆）和气冷快堆是欧洲核工业可持续发展的重点。此外，还开展了（超）高温堆、超临界水堆和熔盐堆方面的研究工作。

研发生产高性能核燃料与材料，打造高性能核电堆芯，是实现核能高效经济发展的重要方向。该议程主要包含以下几个方面的内容：第一，反应堆结构材料和燃料的研究，如材料测试、机械和物理模型的开发以及先进材料的研发等。第二，不同类型反应堆材料的共性问题，如第二、第三代反应堆与第四代反应堆材料的共性问题、气冷堆与（超）高温堆材料的共性问题以及裂变堆和聚变堆材料的共性问题。第三，反应堆结构材料和燃料研发和应用的路线图，如短期发展目标、长期发展目标以及路线图等。第四，材料研发所需的基本设施，如辐照设施（快中子装置、用于材料研究的试验堆与热室、带电粒子辐照装置）、辐照后的处

理设施（热室和屏蔽设施、用于特定分析的样品运输装置）、计算设施等。

充足的财政支持是保证核能材料战略研究议程顺利实施的基础。为了更好地促进整个欧洲乃至世界核能材料的发展，该议程提出如下四点建议：

（1）正确的核材料数据管理是保证未来再评估的基础，应予以鼓励。因此，有必要实施资金支持政策，以促进数据的共享，鼓励旧数据的公开。

（2）基础设施是保证核燃料研发的重要保障。因此，需在联合规划的基础上，实施跨国的基础设施更新规划和设施共享、利用机制，对全欧洲的基础设施进行合理统筹和规划。

（3）与非欧国家共同开展核材料的研究是非常必要的。因此，应加大开放合作力度，提升开放合作的吸引力，以促进科研活动开展、数据共享、基础设施使用。

（4）欧洲核能材料研究正以一种自下而上的方式进行强有力的整合。因此，应加强底层建议与顶层设计的有机结合，共同推进整个欧洲的能源发展。

（中国原子能科学研究院

审查专家：黄国俊、李景、诸旭辉、赵永刚）

核安全篇

一、俄特种核潜艇发生重大火灾事故

2019 年 7 月 1 日，俄罗斯一艘核潜艇发生重大火灾事故，造成 14 名军人死亡，潜艇内部损毁严重。普京对此次事故高度关切，紧急与国防部长绍伊古召开电视会议。7 月 4 日，绍伊古称潜艇反应堆已“完全隔离”。此次事故是俄罗斯自 2008 年“海豹”号潜艇事故以来发生的最严重的海军事故。

1. 事故造成重大人员伤亡，潜艇尚可修复

绍伊古称，火灾起源于潜艇电池舱，随后蔓延到整艘潜艇。火灾发生时，潜艇正在巴伦支海域进行“深海测量”作业。14 名高级军官因吸入有毒气体丧生。事故发生后，潜艇返回北冰洋岸北摩尔斯克港口。绍伊古称潜艇可以修复，目前已组织设计人员和行业代表对潜艇进行评估，以确定需维修的部件和进度，潜艇反应堆已采取必要的措施，可确保安全。巴伦支海附近的挪威辐射与核安全机构称尚未探测到放射性异常升高。

俄罗斯官方尚未公布火灾发生的具体原因。据俄媒分析，事故发生的原因可能是艇上设备老化导致电路起火。另有分析称，该艇运行多年，老化较严重，且俄罗斯长期经济不振，军费开支不多，用于维护和修理核潜艇的经费不足。

2. 起火潜艇据信是“洛沙里克”号特种核潜艇

2019 年 7 月 4 日，俄罗斯官方披露，发生火灾的潜艇是一艘核动力“科学实验深水装备，用于研究自然环境与海底”。普京发言人佩斯科夫称，该潜艇信息属于最高级别机密，不会对外披露具体情况。

据俄罗斯《新报》等媒体推测，发生事故的是项目 10831“洛沙里克”号

（AS－12，也有媒体称是 AS－31）核潜艇。由于俄罗斯对“洛沙里克”号核潜艇高度保密，相关信息存在较大不确定性。综合各方消息来源，该艇是一艘具备深潜能力的小型特种核动力潜艇，1988 年建造，2003 年下水，2010 年服役，艇长约 70 米，宽 7 米，平均吃水 5.1 米，满载排水量约 2 000 吨，潜深为 6 000 米（也有说 3 000 米），航速高达 30 节，编制为 25～30 人，可装备多种水下作业设备。该艇设计独特，内层艇体由多个钛球体构成，因此可承受深海高压，外层艇体与普通潜艇相似。美分析人员认为，该艇装备 10 兆瓦的 E－17 压水堆，轴功率 1 万马力（1 马力＝735.499 瓦）。

“洛沙里克”号核潜艇通常由母艇携带到作业水域后进行独立作业。有消息称，“洛沙里克”号核潜艇由“德尔塔”－Ⅳ级核潜艇改装的“莫斯科郊外”（Podmoskovye）号（BS－64）潜艇携带。事故后，BS－64 被发现停泊在北摩尔斯克港口。

“洛沙里克”号隶属俄海军北方舰队，但直接服务俄国防部深海研究部，执行的任务广泛且高度敏感，包括深海调查和特殊军事任务，例如海床绘图、救援遇险潜艇、收集沉船残骸等。2012 年俄罗斯官方曾声明，该艇在 2 500 米深海收集样品。美情报和军事官员曾公开关切，俄可能采取新方式监听跨大西洋的海底光缆，或破坏美国和北约铺设的水下声呐或者海军线缆。

3. 俄罗斯近年来积极推动特种核潜艇力量建设

与常规动力相比，核动力有功率密度高、运行寿期长、无需助燃剂等突出优点，在深海装备动力应用方面具有巨大优势。

根据公开信息，俄罗斯共有 7 艘大潜深的特种核潜艇，包括 3 艘“制服”级、3 艘“X 射线”级和 1 艘项目 10831 潜艇“洛沙里克”号。“洛沙里克”号是上述 7 艘潜艇中建造年代最新的一艘，也是最先进、下潜深度最深的一艘。“制服”级和“X 射线”级核潜艇均采用钛艇体，装备多种深海作业装置，潜艇长度为 40～69 米；排水量较小，为 550～2 000 吨；下潜深度为 700～1 000 米；一些分析认为其反应堆功率约 10 兆瓦。

此外，俄罗斯还改建了 4 艘潜艇充当上述潜艇的母艇，包括“奥伦堡”号（BS－136）、“莫斯科郊外”号（BS－64）、“别尔哥罗德”号（K－329）、09851

项目“哈巴罗夫斯克”号。这些潜艇由大型弹道导弹或巡航导弹核潜艇改建而成。2019 年 4 月 23 日最新下水的“别尔哥罗德”号受到广泛关注。该艇基于“奥斯卡”－Ⅱ巡航导弹潜艇改建，2012 年开始建造，号称是全球最大的核潜艇，长 184 米，水下排水量约 3 万吨，最大航速为 30～32 节，既可携带特种核潜艇、水下核电源，也可携带 6 枚“波塞冬”核动力无人潜航器。基于“北风”级改建的“哈巴罗夫斯克”号 2014 年开始建造，将在 2020 年下水。

4. 启示

（1）实现大潜深、长周期作业需要发展特种核动力技术。俄罗斯在用于执行深海秘密军事任务的特种核动力潜艇方面，技术积累和使用经验丰富。近几年仍积极推进新核潜艇建设和使用，受到西方国家高度关切。俄罗斯特种核潜艇及其小型反应堆技术的发展、研究和运用值得关注。

（2）俄罗斯潜艇事故时有发生，引发对潜艇安全问题的关切。据不完全统计，俄罗斯自 1957 年第一艘核潜艇下水至今，共发生过 138 起核潜艇事故，其中反应堆事故 49 次，主要集中在 20 世纪 90 年代以前；碰撞事故 41 起；火灾事故 23 起；其他事故 25 起。21 世纪以来的严重核潜艇事故包括 2000 年“库尔斯克”号核潜艇沉没事故，造成 118 人死亡；2008 年“海豹”号核潜艇火灾事故，造成 20 人死亡。此次核潜艇事故造成 14 名高级别专业技术人员死亡，或将严重影响俄深海秘密军事任务的顺利开展。

（中国核科技信息与经济研究院

审查专家：黄国俊、李景、诸旭辉、赵永刚）

核军控与防扩散篇

一、沙特核计划引发扩散担忧

沙特是全球石油储量第二大和石油产量第一大国家，经济高度依赖石油，抗风险能力较差，低迷的石油价格一度导致沙特的政府财政、贸易平衡和外汇储备陷入困境。2016 年沙特政府发布“2030 愿景”和“国家转型计划”，明确提出“去石油化和经济多样化”的发展目标，措施之一是发展核能。

1. 核计划概况

沙特的民用核研究始于 20 世纪 70 年代，1977 年建立阿卜杜拉-阿齐兹国王科学与技术中心，1988 年在其中设立原子能研究所，开展放射性同位素、核材料、辐射防护研究及利用核能进行发电和海水淡化的可行性研究。沙特现有两台离子加速器以及一台电子加速器，没有反应堆、铀浓缩设施和后处理设施。

2011 年，沙特提出计划在未来 20 年内新建 16 台核电机组，总装机容量达 1 700 万千瓦，总投资约 800 亿美元。2015 年 1 月，沙特政府将上述目标推迟到 2040 年；3 月，与阿根廷国有 Invap SE 公司成立合资公司，推动国内首座研究堆的设计建造工作。此外，沙特还陆续与法国、韩国、俄罗斯、中国、哈萨克斯坦等国签订了核合作相关协议。

由 Invap SE 设计的沙特首座研究堆目前在建，位于首都利雅得郊区的阿卜杜勒国王原子能和可再生能源城，是一座池式轻水研究堆，热功率为 30 千瓦，使用铀-235 富集度为 2.1％的燃料，预计将于 2019 年年底建成。

2019 年 4 月，消息人士透露，沙特计划在 2020 年启动首批 2 台大型核电机组的项目招标，目前正在与美国西屋公司、俄罗斯国家原子能公司、法国电力公司、韩国电力公司和中国核工业集团有限公司等供应商进行项目磋商。

2. 扩散风险分析

虽然沙特有和平利用核能的权利，也尚无证据表明其存在实质性的扩散行为，但外界仍对沙特核计划潜藏的扩散风险存在担忧，主要基于：

知情人指控沙特寻求获取核武器。20世纪90年代，一位名为穆罕默德·开莱维的沙特外交官叛逃至美国，他公开了数千份自称复制自沙特官方的文件，声称沙特在1973年第四次中东战争之后于利雅得西南部的一个军事设施内秘密开展核武器研发，还称沙特花费巨资支持伊拉克和巴基斯坦的核武器计划，以图从他们手中购买核武器。

沙特流露发展核武器的主观意愿。沙特和伊朗同为中东大国，彼此严重对立。沙特王储兼副首相、国防大臣穆罕默德·本·萨勒曼2018年受访时曾明确表示，如果伊朗发展核武器，沙特将会立即效仿。与邻国阿联酋在发展核电时自愿放弃铀浓缩和乏燃料后处理权利不同，沙特主张自行开展铀浓缩和发展核燃料循环技术的权利。

美国秘密向沙特提供核技术。美国《原子能法》第123条规定，同美国进行核合作的国家必须与美国签订协议，承诺获自美国的核材料、设备和技术仅用于和平目的，并接受保障核查措施。这类协议被称作“123协议”。美国和沙特尚未签署“123协议”，然而美国政府却已与沙特开展了核合作。2019年2月，美国众议院监督与改革委员会发布的《检举者强烈担忧特朗普政府向沙特转移敏感核技术》报告称，据知情人提供的线索，沙特为特朗普参与总统竞选提供了大量经费支持，特朗普的部分幕僚曾在美国的一些核电公司兼职，这些人正在推动一项名为“中东马歇尔计划”的项目，涉嫌在未经国会批准的情况下，暗中撮合美国核企与沙特开展合作并出售敏感核技术。2019年3月，美国能源部长在参议院听证会上承认自2017年以来已秘密签署6项授权，允许美国企业与沙特分享核技术信息，但他以保护商业秘密为由拒绝透露涉及哪些企业和技术。虽然美国政府称上述举动是出于正常的商业动机，意在抢占先机，为争取沙特核电项目铺路，但美国内很多人怀疑背后是美国政府部分官员和商人勾结，罔顾国家安全和扩散风险，谋取私人利益。此外，在美国退出伊核协议的情况下，也不排除特朗普政府有意通过扶持沙特核计划来达到制衡伊朗的目的。

国际原子能机构不能对沙特核活动进行全面的监督核查。沙特 1988 年加入《不扩散核武器条约》，随后与国际原子能机构签署了全面保障监督协定。由于彼时沙特的核活动与核材料很少，国际原子能机构 2005 年与沙特签署了小数量议定书，允许沙特豁免执行全面保障监督协定的大部分保障监督程序，这样既可以减少国际原子能机构的核查工作量，又可以鼓励更多国家签署全面保障监督协定。但是，随着沙特启动建造首座反应堆，沙特不再符合缔结小数量议定书的条件，需接受国际原子能机构的全面保障监督核查。不过，沙特目前尚未表达同国际原子能机构签署全面保障监督协定附加议定书的意愿。因此，国际原子能机构不能随时根据需要对沙特核计划进行核查，难以及时发现是否存在扩散问题。

3. 有关建议

在全球核电发展低迷之际，沙特核电大单必然成为各国核企竞逐的对象。出于巨大经济利益和地缘战略博弈的考虑，特朗普及美国部分政客可能会默许美国企业向沙特转移敏感核技术。国际社会应尽可能促成沙特与国际原子能机构签署全面保障监督协定附加议定书，监督核查沙特的核计划。

（中国核科技信息与经济研究院

审查专家：黄国俊、李景、诸旭辉、赵永刚）

二、伊朗采取系列举措，突破伊核协议限制

自 2018 年 5 月美国退出《联合全面行动计划》（简称“伊核协议”）并重启对伊制裁后，伊朗仍希望继续履行协议并与协议其余各方合作，争取减少美国制裁带来的影响。但是随着去年 11 月美国更加严厉的第二次制裁以及欧盟未按计划提出有助于伊朗规避美国制裁的措施后，伊朗决定改变维持现状的态度，着手采取逐步升级的反制措施，回击美国单方退出伊核协议及其对伊朗的制裁。

目前，伊朗在浓缩铀数量、浓缩铀丰度、新型 IR－6 离心机数量和重水设施等方面突破了伊核协议的限制。

1. 伊朗暂停履行部分协议并突破限制

在 2019 年 5 月 8 日美国退出伊核协议一周年之际，伊朗总统哈桑·鲁哈尼宣布暂停履行伊核协议部分条款，重启部分核设施，不再遵守对外出售重水和浓缩铀的承诺，并提出在美解除对伊制裁以前，每 60 天提高一次浓缩铀丰度。此举表明伊朗将采取分步走措施，有节奏地控制事态发展，持续释放影响力，以迫使伊核协议各方重视伊朗的诉求。

（1）浓缩铀数量突破 300 千克限制

2019 年 7 月 1 日，伊朗宣布 3.67％丰度低浓铀数量已超过伊核协议规定的 300 千克上限。随后，国际原子能机构（IAEA）官员向机构理事会通报，对此给予证实。

（2）浓缩铀丰度达到 4.5％，威胁将进一步提高丰度

根据伊核协议规定，伊朗可以保留的低浓铀丰度最高为 3.67％。2019 年 7 月 8 日，伊朗原子能组织（AEOI）发言人宣布，已将浓缩铀丰度从目前的

3.67%提高到4.5%，以满足核电厂对燃料的需求。该发言人还称将在60天内进入新的阶段，可能采取的选项包括将浓缩铀丰度提高至20%以上。7月10日，IAEA指出，伊朗的浓缩铀丰度达到了4.5%，超过了协议限制的3.67%丰度。

（3）突破了离心机的相关限制

伊核协议允许伊朗利用离心机从事铀浓缩研发和少量活动。多年来，伊朗利用自主研发的IR－1、IR－2、IR－2m和IR－4系列离心机开展铀浓缩生产。

针对伊朗IR－6[①]和IR－8等新型离心机的制造和运行，伊核协议规定指出，伊朗在履行协议8年半（即2024年）以后，可以开始测试最多30台IR－6和IR－8型离心机；从执行协议的第8年底开始，伊朗可以开始制造特定数量的不带转子的IR－6和IR－8型离心机。

目前，伊朗在该规定限制上已有突破。伊朗在去年7月宣布建成一座每天可以制造60个IR－6离心机转子的新工厂。同时，IAEA的报告也指出，伊朗已安装了33台IR－6先进离心机，超过了协议规定的30台的限制。

此外，伊朗研发的更先进的IR－8型离心机也取得进展，已使用UF_6进行了测试。伊朗宣称IR－8的生产能力是IR－1的16倍。伊朗总统鲁哈尼曾在2019年4月威胁称，若美国继续向伊朗施压，伊朗将启动IR－8先进离心机的生产。

（4）威胁暂停重水堆改造和停止出售重水

2019年7月3日，伊朗总统威胁称，如果伊核协议各签约方不履行各自的义务，将自7月7日起使阿拉克反应堆恢复到以前的状态。

伊朗在阿拉克自主建造的功率为40兆瓦的重水反应堆（IR－40）与印度和以色列的重水堆相同，建成后可用于生产武器级钚。美国推测，该堆建成运行后每年可生产9千克钚。2014年已完成反应堆工程建设的85%，安装了冷却和慢化系统。因从国际市场采购反应堆所需物项出现问题，从而阻碍了该堆的建成和运行。

阿拉克重水堆曾是伊核问题谈判中的难点所在。按照协议要求，重新设计和

---

① 美国研究机构认为，IR－6离心机长度与IR－2M型相同，直径更宽，但估计其浓缩铀产量与IR－2M离心机大致相同（约6.9kgU SWU/a）。

建造的重水堆仅使用3.67%丰度低浓铀燃料，将专用于和平目的。这项改造活动被视为伊朗执行协议的重要步骤之一，将削弱伊朗未来武器级钚生产能力。按照协议，伊朗已对该堆进行改造并在2016年将反应堆排管容器取出后填充了水泥。

目前，伊朗认为已没有义务遵守协议有关浓缩铀和重水的限制，宣布在60天内暂停出售重水。伊朗此举将使其重水储量提高。在伊核协议中重水的储量被限制在130吨。在2019年5月重水储量为125.2吨，暂未超过限制。

130吨的重水仅为重水堆未来运行调试时的使用量，调试后还需更多的重水。因此，伊朗要生产和储备更多的重水才能满足重水堆未来运行的需要。

2. 伊核问题局势发展预判

（1）尽管伊朗威胁退出协议并暂停履行部分协议条款，但目前仍遵守大部分协议。伊朗继续履行协议仍可使其在经济领域得到部分权益。同时俄、中、欧协议签约方也不会退出协议，各方均在努力维持协议。但不排除今后外交对话失败及局势恶化情况下伊朗退出协议的可能性。

（2）美、伊存在发生军事冲突的可能性。当前，美国已在中东地区加强针对伊朗的军事部署，形成了对伊军事打击的态势。一旦局势失控，爆发冲突，伊核设施将是美军重点打击目标之一。同时，美伊冲突还将对我国在中东地区的石油进口、石油运输以及在伊投资项目造成一定影响。

（3）未来伊朗核问题矛盾将长期存在。美国、俄罗斯及欧盟将从各自利益出发，展开多方博弈和较量。伊朗核问题局势后续如何发展和演变，需保持连续关注。

（中国核科技信息与经济研究院
审查专家：黄国俊、李景、诸旭辉、赵永刚）

三、朝鲜核能力现状及无核化未来发展趋势

2018 年以来，朝美就无核化问题已举行两轮首脑会晤，虽在无核化目标上取得共识，但在相关核心问题上分歧严重。2019 年河内会谈失败以来，双边对话陷入僵局。然而，双方仍在寻求重启对话的时机。6 月 30 日特朗普总统在板门店与金正恩的会晤，改善了当前的僵局气氛，将对后续重启会谈产生积极作用。

未来朝鲜半岛能否实质性走向无核化，值得密切关切。

1. 朝鲜核能力与核武器发展现状

(1) 仍保持完整军用核材料生产能力

宁边核研究中心是朝鲜重要的核武器研发与生产基地，重要的生产设施包括 5 兆瓦反应堆、放化实验室（后处理厂）、铀浓缩厂等。

5 兆瓦反应堆从 2018 年 4 月至今没有运行。该堆于 1986 年建成，一直间歇式运行，估计年产 6～7 千克钚。

放化实验室进行乏燃料后处理并提取钚，每年最多处理约 110 吨乏燃料，目前没有明显的运行迹象。

宁边铀浓缩厂建有 4 000 台离心机，年产 80 千克武器级高浓铀，已停止运行。此外，朝鲜已具备完整的离心机加工生产能力，年产约 1 000 台离心机。

2009 年开始自主建造热功率 100 兆瓦的实验轻水堆，现已完成基建与设备安装，但未运行，估计核燃料生产存在问题。在无外界援助情况下，朝鲜很难生产出锆包壳低浓二氧化铀耐高温燃料组件。

朝鲜已具备氘、氚、锂-6等聚变材料生产能力。推测其利用5兆瓦反应堆生产氚。美国估计朝鲜在兴南化工厂采用汞齐交换工艺生产锂，年产量至少数十千克。

2018年7月，美国宣称朝鲜在平壤万景台东南5千米的降仙可能建有一座秘密铀浓缩厂，并推测其生产能力为宁边铀浓缩厂的2倍。此外，美国科学与国际安全研究所2016年称，朝鲜早期在宁边以西约45千米的一个飞机工厂可能建有小规模离心机研发设施，估计有200～300台离心机。目前设施运行状态不详。

2019年6月14日，有报道称朝鲜在废弃的泰川反应堆场址存在活动迹象。外界怀疑朝鲜是否企图重建反应堆。

据估计，朝鲜目前有30千克钚及约1吨高浓铀库存，可制造60枚核武器。还拥有可制造数枚氢弹的聚变材料。

(2) 仍保留部分核试验能力，核弹研发取得突破

朝鲜在丰溪里核试验场建有4条隧道。2006—2017年，相继在东侧和北侧隧道进行了6次地下核试验。北侧隧道因氢弹爆炸威力过大导致塌陷而废弃。东侧隧道在首次试验后被永久封堵。2018年5月，朝鲜将北侧隧道炸毁，但西侧和南侧隧道仅炸毁洞口，恢复后仍可使用。朝鲜转移的核试验使用的仪器、材料和供电设备仍可使用。未来朝鲜可能利用次临界试验、计算机模拟及实验室继续开展研究。

朝鲜的六次核试验爆炸威力从最低1～2千吨提升到最高25万吨梯恩梯当量，核弹技术水平取得重大进展。掌握了原子弹设计与制造技术以及助爆弹技术，实现了核弹头小型化，可由近、中程导弹搭载。还掌握了氢弹的物理设计、关键材料、部件制造等核心技术。但氢弹尚未小型化，不具备装入洲际弹道导弹的条件。据斯德哥尔摩国际和平研究所2019年6月发布的报告称，朝鲜目前已有20～30枚核弹。

朝鲜近、中程弹道导弹已具备作战能力。2017年成功试射了“火星”－15洲际弹道导弹，估计射程可覆盖美国本土。因导弹再入体耐热材料及其他关键技术尚不成熟，还不具备作战能力。朝鲜已掌握固体燃料潜射弹道导弹技术，未来可对美、韩发动水下打击。

2. 朝鲜半岛无核化谈判进展

2018年以来，在与韩国改善关系的同时，朝鲜先后同美国就半岛无核化开展了两轮首脑会谈。2018年6月在新加坡举行的首次会谈启动了历史性的良好开端，朝美发表了“联合声明”。

然而美国提出的“全面弃核，一步到位”方式与朝鲜的“分阶段，同步走”的立场对立。美国也认识到朝鲜弃核是一个艰难漫长的过程。2019年2月在河内举行的第二次首脑会谈上，美国调整了策略，要求朝鲜以“逐步弃核，分步实施”的方式实现无核化。但双方在核心议题上的分歧导致会谈失败。

（1）河内会谈失败的原因

首先，双方缺乏互信。朝鲜对于放弃核武器能否确保国家安全没有信心；美国对朝鲜能否真诚弃核表示怀疑，例如美国国家情报总监丹·科茨曾指出“朝鲜不可能放弃核武器及其生产能力”。

其次，双方的目标完全不相符。美国参加第二次首脑会晤的目标是希望朝鲜废弃所有核设施（包括秘密核设施以及核武器等大规模杀伤性武器），而非仅宁边核设施；但朝鲜希望仅以废弃宁边核设施换取解除大部分制裁。美国的提议根本不在朝方考虑的议案范围内，并且超出朝方预料和能够接受的底线，最终导致会谈失败。

（2）僵局态势出现回暖

自2019年2月河内会谈无果而终以后，双方对话与互动陷入僵局并透露出言语上的不满以及行动上的示威。其中，朝鲜副外相崔善姬在河内会谈后表示，“今后是否有必要进行这种会谈令人质疑。”随后表示有可能结束核导试验中断状态。对此，美国对朝进行监视和侦察并派出F－35A战机进驻韩国。6月21日美国将对朝制裁有效期延长一年。朝鲜也采取相应的行动，2019年4—5月先后试射短程导弹。朝鲜警告称，“除非美国停止对朝鲜的敌对行为，否则两国永远不会恢复谈判。如果美国继续施压，新加坡联合声明将变成‘白纸一张’。”

然而，朝美并未完全放弃复谈的意愿。双方的对话存在利益契合，这也是重启对话的内在原因和动力之源。鉴于新加坡会晤确定的半岛全面无核化的大方向并未改变，对话框架未完全破裂，经过一段时期的“冷却”朝美仍可能重回正常对话轨道。2019年6月30日特朗普以“打招呼”的方式与金正恩在板门店短暂会晤并宣布重启对话。这是双方关系的又一次小的转变，表明了谈判的大门依然敞开。

3. 朝核问题局势未来发展走向分析

第一，河内首脑会晤的失败，体现了朝美相互间的怀疑与不信任，不利于未来开展会谈的意愿，不利于推进正常对话进程，给未来带来了更多的不确定性。如果朝鲜半岛问题持续缺乏进展，节外生枝的压力必将增加。

第二，鉴于河内谈判的教训，在后续磋商中双方工作组能否对关键问题的提议做适当调整，首先解决部分分歧，以争取获得部分成果，这有待未来磋商的进展。例如朝鲜当前正在实施新的国家发展战略，以经济建设为主，因此急需放松国际制裁。假如美国解除部分制裁，换取朝鲜采取相应弃核行动，也是一个不小的进步。

第三，在后续谈判中，双方能否在弃核范围以及对等回报上做出让步，尚需有效沟通。美国要求朝鲜立即废弃所有核设施与核武器是不现实的。因此未来谈判有可能先从停止朝鲜易裂变材料生产以换取美国对等行动（包括签署“停战协定”、解除部分制裁等）开始。

第四，朝美首脑会谈象征着朝鲜半岛和平进程的重新启动，最终结局取决于朝鲜弃核决心与美国能否履行承诺。

第五，朝鲜已拥有了核武器，未来申报与核查除了核材料与核设施还将包括核武器与导弹，这将涉及核裁军与朝鲜核武器国家地位的问题，届时问题将进一步复杂化。

（中国核科技信息与经济研究院
审查专家：黄国俊、李景、诸旭辉、赵永刚）

四、加拿大开发出利用中子探测器进行反应堆核查的新技术

2019年4月，加拿大核实验室（CNL）在科学期刊《自然通讯》上提出了一种利用中子探测器进行反应堆核查的新技术。该技术可以在不接近反应堆堆芯的情况下核查堆内裂变材料成分，比目前使用的反应堆安保措施更实用、更经济，可在核安保与核不扩散领域中具有重要的应用。

随着核能利用和相关工业的发展，目前全球已生产储存了大量核材料（如U、Pu材料），而且还有逐年递增的趋势。由于核材料具有潜在的核扩散风险，国际原子能机构（IAEA）对世界各国核反应堆设施采取了安保措施来核查核材料是否被用于非和平利用的用途。当前典型的安保措施包括定期检查、停堆核查以及对燃料循环工作进行录像监视。这些措施主要用于核查已申报的核材料是否存在转用、已申报的核设施是否存在生产未申报的核材料的滥用以及各国任何地方是否存在未申报的核设施、核材料以及核活动。

虽然IAEA对目前大部分动力堆的安保措施比较满意，但其认为在有限的安保预算下应优先加强对研究堆、小型模块堆等非传统类型反应堆的安保监督。目前全世界约有170个研究堆和关键组件处于IAEA的安保监督下。与动力堆不同的是，研究堆在设计、运行、所使用的燃料种类（世界上大约一半的研究堆使用高浓铀）、反应堆功率、冷却性能、辐照靶件的显著潜力以及易于进入热室等方面存在巨大差异，因此存在着重大的安保隐患。此外，密封堆芯的小型模块堆对IAEA的安保措施也提出了进一步的挑战，因为它们不适用于定期对燃料进行直接取样以进行实物库存核查的方法。

中子探测器一般被广泛用于反应堆功率测量或堆芯中子注量率分布测量。由

于单位反应堆功率的中子产额取决于反应堆堆芯内核素成分，因此可以在不进入堆芯的情况下核查堆内裂变材料成分的变化。因此，CNL开发了中子探测器用于反应堆核查的新技术，并在加拿大国家研究通用反应堆上（NRU）开展了这项新技术的实验研究。NRU反应堆是世界上最大、用途最广的研究反应堆之一，最高运行功率达到135 MW，最高热中子注量率达到4.0×10^{14}中子/（平方厘米·秒）。自2018年3月31日以来，NRU反应堆一直处于安保监督下的关闭状态，预计将维持这种状态直到退役（目前计划于2028年开始）。

CNL在NRU反应堆屏蔽外的隔离距离（A位置点：在NRU反应堆大楼内，距离NRU反应堆堆芯约17米；B位置点：在NRU反应堆大楼外的便携式拖车楼内，距离NRU反应堆堆芯约69米；）上布置了两个大面积（18×100平方厘米）硼内衬中子探测器阵列（见图5）开展了相关实验研究。在中子测量过程中，NRU反应堆通常每运行几周就按计划进行停堆和启堆，这也为测试中子探测器对反应堆停堆和启堆的灵敏度提供了机会。实验研究结果证明了中子探测器有能力成为目前反应堆监测技术和安保措施的一种可行、经济和有效的补充，利用这项新技术可在反应堆屏蔽外100米以内监测核反应堆。通过隔离监测实现了对堆内裂变材料核素成分进行实时核查，可以提高对研究堆、小型模块堆等非传统类型反应堆安保水平。同时，CNL认为该技术还可以用于独立核查核

图5 两个大面积硼内衬中子探测器阵列的位置（A、B）

反应堆活动和监测一些小型模块堆的密封堆芯。相关实验研究的结果也在《自然通讯》上进行了公开发表。目前，CNL 正在更深入地探索这项新技术的潜在应用研究，并为保护该技术申请了一项专利。

（中国原子能科学研究院

审查专家：黄国俊、李景、诸旭辉、赵永刚）

核技术应用篇

一、美国激光等离子体加速器再次打破世界记录

2019 年 2 月，美国伯克利国家实验室激光加速器（BELLA）中心研究团队在《物理评论快报》（PRL）上公布了激光等离子体加速器产生能量新的世界纪录。该团队将这一记录由 2014 年所创造的 4.2 亿电子伏特提升到 7.8 亿电子伏特（1 吉电子伏特等于 1 亿电子伏特），所产生的能量约是 2014 年的两倍。激光等离子体加速器产生的超高加速场（1～100 吉伏特/米）将为各种应用提供一种更紧凑、更经济的技术，包括用于高能物理的加速器和用于高能光子源的驱动器。

在此次实验中，BELLA 中心研究团队使用了超强超短的激光驱动脉冲加热等离子体并形成通道，每个脉冲的峰值功率约为 850 万亿瓦，并且脉冲长度约为 35 飞秒（1 飞秒等于千万分之一秒）。该研究团队通过将加热器束放在微管中心，进一步加深和缩小了等离子体通道，从而创下新纪录。本次实验标志着 BELLA 中心在这一领域从实验室研究过渡到首次应用阶段。

美国 BELLA 中心属于能源部劳伦斯伯克利国家实验室加速器技术与应用物理部门，主要进行激光等离子体加速器的开发和应用。该中心的拍瓦激光器是世界上第一个商业拍瓦级激光器（见图 6），可为用户提供世界最高能量的高功率激光。相较于传统加速器主要通过无线电波驱动电子等带电粒子群向前不断加速，激光等离子加速器主要通过利用拍瓦级（1 拍瓦等于 10^{15} 瓦）高强度激光和等离子体对亚原子粒子进行加速，使其达到了打破小型加速器纪录的最高能量状态。

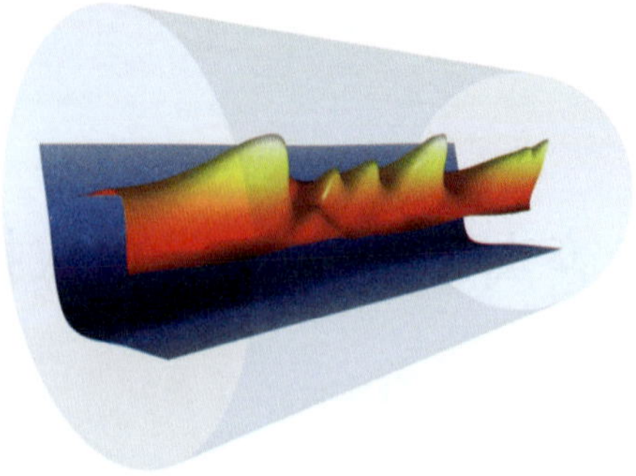

图6 BELLA中心拍瓦激光器

与传统加速器技术相比，激光等离子加速器可以在更短的距离内将粒子束加速到高能。如2014年所创造的42亿电子伏特的记录是在9厘米长的等离子体管中创造的，而此次新记录是科学家们在20厘米长的等离子体管中创造的（见图7）。如果使用常规技术将需要约91米长的等离子体才能获得如此高的能量。在如此短的距离内，粒子获得能量是传统粒子加速器的近2 000倍，即使采用目前世界上最先进的传统粒子加速器技术都需要几百米才能获得。因此，BELLA中心研究团队相信激光等离子体加速器将可以把几英里（1英里=1.609 344千米）的传统加速器缩小到米级大小，这将为未来建造高能物理对撞机提供重要技术支撑。

图7 BELLA中心实验中使用的9厘米和20厘米等离子体管

下一步，BELLA团队将朝着将粒子加速到10吉电子伏特乃至更高的能量出发，掌握对等离子体波中注入电子的精确控制技术，以实现前所未有的电子束质量，并将多个阶段耦合在一起，以获得更高能量的途径。在未来，电子加速的多个高能阶段可以耦合在一起，这将为未来实现基于更高能量级超强超短激光的1万亿电子束级联（100级）激光等离子体加速器的电子正电子对撞机提供研究基础，从而为以新的精度探索基本物理创造可能。

随着欧洲和亚洲成为高强度激光技术领域新的领跑者，为了恢复美国在高强度激光研究中曾经的主导地位，促进高强度激光器的广泛应用，美国能源部聚变能源科学办公室建立了一个全国性激光设施网络 LaserNetUS，并在未来两年为其提供680万美元的资金支持。美国 BELLA 中心的拍瓦激光器就在 LaserNetUS 网络中。该网络可以为美国科学家提供访问 BELLA 和美国其他八个机构的高强度超快激光器的机会，并进行广泛的科学研究。LaserNetUS 网络可以通过配置合适的激光资源使用时间，把来自不同研究机构的科学家们的创意和方案有效地联结整合起来，从而推动基础科学研究、工业制造、生物医学以及其他某些全新科学领域发展。

（中国原子能科学研究院

审查专家：黄国俊、李景、诸旭辉、赵永刚）

二、加拿大锕-225放射性同位素生产取得重大突破

锕-225被称为“地球上最稀有的药物”，是一种短半衰期的α放射性同位素，可与特异性靶向癌细胞的蛋白质或抗体结合，能够有效杀死癌细胞而不会对周围健康细胞造成伤害。研究表明，锕-225在治疗包括扩散性前列腺癌在内的，传统方法难以治愈的癌症方面有较好效果。但目前全球锕-225的产量并不能满足当前新药开发的需求。2019年10月23日，加拿大粒子加速器中心（TRIUMF）和核科学技术组织加拿大核实验室（CNL）已完成首次锕-225的联合生产，这一成就是获得世界上最稀有的锕-225医用同位素的重大飞跃，该研究方法有望实现锕-225的规模化量产。

放射性药物治疗方法中，靶向α疗法（TαT）能够实现对癌症细胞和肿瘤微环境有效和局部的选择性放疗，从而以最小的毒性控制癌症恶化。α放射性核素在内照射时具有极强的细胞毒性，对肿瘤细胞具有较强的杀灭作用，而其短射程对正常组织影响较小，因此α放射性核素类药物是放射性药物研究的重要领域和研究热点之一。目前国内外研究比较活跃的α放射核素都正处于临床或临床前的评估中，主要包括：铽-149、砹-211、铋-212、铅-212、铋-213、镭-223、镭-224、钍-227和锕-225等。其中锕-225的半衰期只有9.9天，相对较短的半衰期限制了其在人体内的积累量，同时，又为医生提供了足够的时间来准备和等待该药物到达并作用于患者体内的癌细胞。锕-225也可以作为铋-213的母体核素吸附到树脂上制成锕-225/铋-213发生器。锕-225价格非常昂贵，来源有限，只能维持少量的临床研究，其也因此被称为“地球上最稀有的药物”。

目前锕-225生产方法主要是从铀-233衰变的钍-229中提取锕-225，美国橡树岭国家实验室（ORNL）、德国卡尔斯鲁厄超铀元素研究所（ITU）、俄罗斯物理

和动力工程研究院（IPPE）生产的锕-225都是基于此法，但由于钍-229资源有限，限制了锕-225的产量。根据最近的估计，假设每年每名患者治疗需要1毫居里（1居里＝3.7×10^{10}贝可）且每年100 000～200 000名患者，则锕-225的最低年需求量约为100～200居里/年。尽管此种方法生产的锕产品不含其他锕同位素，但每年只能生产约1.7居里的锕-225，仅够治疗不到1 000个患者，并不能满足当前全球新药开发的需求。

锕-225的另一种最有潜力的生产方法是利用高能加速器对天然钍进行辐照，但目前面临两种挑战，一是能够抵抗高能辐照的靶难以制备，二是从副产品和其他不稳定同位素中提取高纯度锕-225较难。2018年9月，加拿大粒子加速器中心（TRIUMF）和核科学技术组织加拿大核实验室（CNL）已同意就医用放射性同位素锕-225的商业化生产展开战略合作。2019年10月23日，该两个研究机构已完成首次锕-225的联合生产，该锕-225是利用TRIUMF的520兆电子伏特高能回旋加速器生产的，并在CNL的乔克河实验室进行了加工。TRIUMF和CNL一起成功验证了生产和分离工艺的可行性。接下来TRIUMF将利用新升级设施先进稀有同位素实验室（ARIEL）提供更多锕-225的生产能力。

锕-225还可利用低能加速器从镭-226靶中生产，但此方法的研究仍处于初级阶段。表8给出了目前以及未来的锕-225生产方法。图8为利用锕-225治疗的单例晚期转移性前列腺癌患者的治疗前后影像。

表8　目前以及未来的锕-225生产方法（其中镭-226靶材的量为1克/靶）

	生产方法	设施	能力	每月锕-225产量/吉贝可(居里)
目前的生产方法	从钍-229中提取	ORNL ITU IPPE	钍-229库存0.704克（150毫居里） 钍-229库存0.215克（46毫居里） 钍-229库存0.704克（150毫居里）	2.2(0.06) 1.1(0.03) 2.2(0.06)

续表

	生产方法	设施	能力	每月锕-225产量/吉贝可(居里)
即将实现的生产方法	$^{232}Th(p,X)^{225}Ac$	TRIUMF	500兆电子伏特,120微安	11 266.5(304.05)
		BNL	200兆电子伏特,173微安	2 675.84(72.32)
		INR	160兆电子伏特,120微安	1 002.0(27.08)
		Arronax	70兆电子伏特,2×375微安	462.1(12.49)
		LANL	100兆电子伏特,250微安	444.0(12.00)
		iThemba LABS	66兆电子伏特,250微安	127.7(3.45)
未来的生产方法	$^{226}Ra(p,2n)^{225}Ac$	20兆电子伏特,500微安回旋加速器		3 983.1(107.65)
		15兆电子伏特,500微安回旋加速器		1 157.4(31.28)
相关设施	ISOL	TRIUMF(现有)		0.37(0.01)
		TRIUMF(未来升级版)		190.6(5.15)
	$^{226}Ra(\gamma,n)^{225}Ra$	医用直线加速器ALTO	18兆电子伏特,26微安	48.1(1.3)
			50兆电子伏特,10微安	55.5(1.5)
	$^{226}Ra(n,2n)^{225}Ra$	快中子增殖堆		约37(1)

数据来源:Andrew Kyle Henderson Robertson, Caterina Fortunata Ramogida, Paul Schaffer, etc. Development of ^{225}Ac Radiopharmaceuticals: TRIUMF Perspectives and Experiences. Current Radiopharmaceuticals. 2018 Dec; 11(3): 156 - 172.

注:BNL——美国伯克利国家实验室;INR——俄罗斯科学院核研究机构;Arronax——法国南特亚特兰蒂斯放射化学和肿瘤学研究加速器;LANL——美国洛斯阿拉莫斯国家实验室;iThemba LABS——南非加速器科学实验室;ALTO—法国奥赛串列直线加速器。

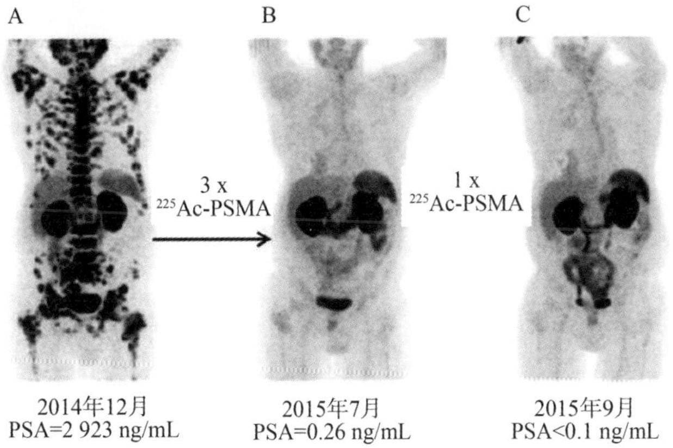

图 8 利用锕-225 治疗的单例晚期转移性前列腺癌患者的治疗前后影像

（中国原子能科学研究院

审查专家：黄国俊、李景、诸旭辉、赵永刚）